21世纪会计系列规划教材 **应用型**

财务管理学习题与实训

（第三版）

孔令一 主编

相福刚 徐嵩杰 副主编

Exercises and Training of Financial Management

东北财经大学出版社 Dongbei University of Finance & Economics Press | 大连

图书在版编目（CIP）数据

财务管理学习题与实训 / 孔令一主编．—3版．—大连：东北财经大学出版社，2022.10（2024.9重印）

（21世纪会计系列规划教材・应用型）

ISBN 978-7-5654-4530-9

Ⅰ.财…　Ⅱ.孔…　Ⅲ.财务管理-高等学校-教学参考资料　Ⅳ.F275

中国版本图书馆CIP数据核字（2022）第077930号

东北财经大学出版社出版

（大连市黑石礁尖山街217号　邮政编码　116025）

网　　址：http://www.dufep.cn

读者信箱：dufep@dufe.edu.cn

大连天骄彩色印刷有限公司印刷　　东北财经大学出版社发行

幅面尺寸：185mm×260mm　　字数：283千字　　印张：12.75

2022年10月第3版　　2024年9月第2次印刷

责任编辑：高　铭　孔利利　　责任校对：王　华

封面设计：冀贵收　　版式设计：原　皓

定价：35.00元

第三版前言

财务管理是基于企业再生产过程中客观存在的财务活动和财务关系而产生的，以资本市场为背景，以公司制企业为对象，以公司资本运动为主线，阐述公司筹资、投资、营运和利润分配等财务运作理论和方法。财务管理知识是企业管理者必备的知识。财务管理不仅是会计学专业、财务管理专业的必修课程，而且是经济类专业、管理类专业的必修课程。

本书是《财务管理学》[①]的配套学习与实训用书。为了方便教师的教学和学生的学习，本书编写了配套自测习题，提供自测习题参考答案，并精心设计了部分Excel在财务管理中的应用实训项目，以提高学生的学习兴趣，增强学生的应用能力。详细Excel实训内容可参考《Excel在财务管理中的应用》[②]。本书的练习可以帮助学生在掌握现代企业财务管理原理的基础上，加深理解货币时间价值、风险价值等财务管理基本概念，学会运用企业的筹资管理、投资管理、营运资金管理和利润分配管理等专业知识，解决现代企业财务管理的实际问题，具备从事经济管理工作所必需的业务知识和工作能力。

本书各章主要包括三个部分：第一部分为自测习题；第二部分为自测习题参考答案，其中，难度较大的单项选择题、多项选择题、判断题提供参考答案和难点解析，基础性题目仅提供参考答案；第三部分为财务管理相关实训。此外，本书提供了两套模拟试卷及参考答案。本书由孔令一主编，相福刚、徐嵩杰副主编，滕萍萍、赵若辰、朱淑梅、李满林编写。

由于作者水平有限，书中难免有疏漏和不当之处，敬请广大读者批评指正，以便得到不断的充实和完善。

编　者

2022年6月

① 孔令一. 财务管理学［M］. 3版. 大连：东北财经大学出版社，2022.
② 孔令一. Excel在财务管理中的应用［M］. 2版. 大连：东北财经大学出版社，2022.

目　录

第一章

财务管理总论

第一部分 自测习题

一、名词解释

1.财务管理

2.企业财务活动

3.企业财务关系

4.股东财富最大化

5.利率

6.通货膨胀补偿率

二、单项选择题

1.下列各项，体现债权与债务关系的是（　　）。

A.企业与债权人之间的财务关系　　B.企业与受资者之间的财务关系

C.企业与债务人之间的财务关系　　D.企业与政府之间的财务关系

2.若短期国库券利率为5%，纯利率为4%，则下列说法正确的是（　　）。

A.可以判断目前不存在通货膨胀

B.可以判断目前存在通货膨胀，但是不能判断通货膨胀补偿率的大小

C.无法判断是否存在通货膨胀

D.可以判断目前存在通货膨胀，且通货膨胀补偿率为1%

3.在下列各项中，从甲公司的角度看，能够形成“本企业与债务人之间财务关系”的业务是（　　）。

A.甲公司购买乙公司发行的债券　　B.甲公司归还所欠丙公司的货款

C.甲公司从丁公司赊购产品　　D.甲公司向戊公司支付利息

4.在下列各项中，能够用于解决企业所有者与企业债权人矛盾的方法是（　　）。

A.解聘　　B.接收

C.激励　　D.停止借款

5.下面（　　）的利率，在没有通货膨胀的情况下，可视为纯利率。

A.短期国库券　　B.公司债券

C.银行借款　　D.金融债券

6.由企业经营引起的财务活动是（　　）。

A.投资活动　　B.筹资活动

C.营运活动　　D.分配活动

7.在下列各项中，（　　）是影响企业财务管理的最主要的环境因素。

A.法律环境　　B.经济环境

C.金融环境　　D.企业内部环境

8.企业支付利息给债权人属于财务管理中的（　　）。

A.筹资活动　　B.投资活动

C.运营活动　　D.利润分配活动

9.企业同其被投资单位之间的财务关系反映的是（　　）。

A.受资与投资关系　　B.债权与债务关系

C.投资与受资关系　　D.债务与债权关系

10.企业财务管理的对象是（　　）。

A.资金及其运动　　B.资金的数量增减变动

C.资金的循环与周转　　D.财务关系

11.对企业净资产的分配权是（　　）。

A.国家的基本权利　　B.所有者的基本权利

C.债权人的基本权利　　D.经营者的基本权利

12.独资企业和合伙企业的所有者用于承担企业财务风险的资产是（　　）。

A.注册资本　　B.法定资本

C.个人全部财产　　D.实际投入资本

13.影响企业财务管理的法律环境的是（　　）。

A.企业组织法规　　B.通货膨胀状况

C.经济发展水平　　D.资本市场

14.财务管理的最优目标是（　　）。

A.股东财富最大化　　B.利润最大化

C.每股收益最大化　　D.企业价值最大化

15.股东协调自己和经营者目标的最佳办法是（　　）。

A.采取监督方式

B.采取激励方式

C.同时采取监督和激励方式

D.使监督成本、激励成本和偏离股东目标的损失三项之和最小的办法

16.以每股收益最大化作为财务管理目标，其优点是（　　）。

A.考虑了资金的时间价值　　B.考虑了投资的风险价值

C.有利于企业克服短期行为　　D.考虑了投资额与利润的关系

17.在下列项目中，纯利率受（　　）的影响。

A.通货膨胀　　B.违约风险

C.货币供求关系　　D.流动性风险

18.承担有限债务责任的企业组织形式是（　　）。

A.个人独资企业　　B.合伙企业

C.个体工商户　　D.公司制企业

19.在下列企业各利益相关者中，承担最高风险并可能获得最大报酬的是（　　）。

A.股东　　B.债权人

C.经营者　　D.供应商

20.在下列项目中，（　　）不是合伙企业的缺点。

A.责任无限　　B.双重课税

C.权利分散　　D.产权转让困难

三、多项选择题

1.下列各项属于对内投资的有（　　）。

A.与其他企业联营　　B.购买无形资产

C.购买国库券　　D.购买零件

2.投资者与企业之间通常发生（　　）财务关系。

A.投资者可以对企业进行一定程度的控制或施加影响

B.投资者可以参与企业净利润的分配

C.投资者对企业的剩余资产享有索取权

D.投资者对企业承担一定的经济法律责任

3.影响企业财务管理的经济环境因素主要包括（　　）。

A.企业组织法规　　B.经济周期

C.经济发展水平　　D.宏观经济政策

4.风险报酬率包括（　　）。

A.通货膨胀补偿率　　B.违约风险报酬率

C.流动性风险报酬率　　D.期限风险报酬率

5.下列各项属于经营活动的有（　　）。

A.采购原材料　　B.购买国库券

C.销售商品　　D.支付现金股利

6.财务活动包括（　　）。

A.投资活动　　B.筹资活动

C.经营活动　　D.分配活动

7.相对于其他企业而言，公司制企业的优点包括（　　）。

A.产权容易转移　　B.筹资便利

C.承担有限责任　　D.利润分配不受任何限制

8.企业投资报酬率的构成内容有（　　）。

A.平均资金利润率　　B.纯利率

C.通货膨胀补偿率　　D.风险报酬率

9.股东通过经营者伤害债权人利益的常用方式有（　　）。

A.不经债权人的同意，投资比债权人预期风险要高的新项目

B.不顾工人的健康和利益

C.不征得债权人同意发行新债

D.不是尽最大努力去实现企业财务管理目标

10.下列经济行为，属于企业投资活动的有（　　）。

A.企业购置无形资产　　B.企业提取盈余公积金

C.支付股息　　D.企业购买股票

11.所有者与债权人的矛盾解决方式有（　　）。

A.解聘　　B.限制性借款

C.收回借款　　D.激励

12.企业财务关系包括（　　）。

A.企业与国家的财务关系

B.企业与投资者、受资者的财务关系

C.企业与债权人、债务人的财务关系

D.企业与职工之间的财务关系

13.在经济繁荣阶段，市场需求旺盛，企业应（　　）。

A.扩大生产规模　　B.增加投资

C.减少投资　　D.增加员工

14.为确保企业财务目标的实现，下列各项，可用于协调经营者与所有者之间的矛盾的措施有（　　）。

A.所有者解聘经营者　　B.所有者向企业派遣财务总监

C.在债务合同中预先加入限制条款　　D.所有者给经营者以股票期权

15.以利润最大化作为财务管理的目标，其缺陷是（　　）。

A.没有考虑利润的时间价值

B.没有考虑获取利润和所承担风险的关系

C.往往会使财务决策带有短期行为倾向

D.没有考虑投入资本和获利之间的关系

16.为协调经营者与所有者之间的矛盾，股东必须支付（　　）。

A.沉没成本　　B.监督成本

C.激励成本　　D.经营成本

17.以股东财富最大化作为财务管理的目标，其优点是（　　）。

A.考虑了风险因素

B.在一定程度上能够克服企业在追求利润上的短期行为

C.比较容易量化，便于考核和奖惩

D.只适用于上市公司，对非上市公司则很难适用

18.下列各项属于财务管理内容的有（　　）。

A.投资管理　　B.产品质量管理

C.筹集资金　　D.营运资金管理

19.每股收益最大化观点将企业的利润与投入的股本联系起来，但是每股收益最大化也存在不足，其缺点有（　　）。

A.没有考虑资金时间价值

B.没有考虑利润与所承担风险的关系

C.可能造成经营行为短期化

D.衡量比较困难

20.下列各项属于政策性银行的有（　　）。

A.中国人民银行　　B.中国农业发展银行

C.中国农业银行　　D.中国进出口银行

四、判断题

1.企业与受资者之间的财务关系体现债权性质的投资与受资关系。（　　）

2.公司制企业与独资企业和合伙企业相比具有对公司收益重复纳税的缺点。（　　）

3.金融市场的主体是指银行和非银行金融机构。（　　）

4.流动性风险收益率是指为了弥补债务人无法按时还本付息而带来的风险，由债权人要求提高的利率。（　　）

5.从资金的借贷关系来看，利率是一定时期运用资金资源的交易价格。（　　）

6.财务管理主要是资金管理，其对象是资金及其流转。（　　）

7.金融市场利率波动与通货膨胀有关，后者起伏不定，利率也随之而起落。（　　）

8.财务管理的主要内容是投资、筹资和股利分配，因此，财务管理一般不会涉及成本问题。（　　）

9.短期证券市场由于交易对象易于变成货币或作为货币使用，因此又称资本市场。（　　）

10.企业与政府之间的财务关系体现为一种投资与受资关系。（　　）

11.股东与管理层之间存在着委托-代理关系，由于双方目标存在差异，因此不可避免地会产生冲突。（　　）

12.企业的信用程度可分为若干等级，等级越高，信用越好，违约风险越低，利率水平越高。（　　）

13.一项负债到期日越长，债权人承受的不确定因素越多，承担的风险也越高。（　　）

14.股东财富可以用公司股票价格来计量。（　　）

15.股东财富最大化目标充分考虑了众多相关利益主体的不同利益。（　　）

16.在企业经营引起的财务活动中，主要涉及的是固定资产和长期负债的管理问题，其中关键是资本结构的确定。（　　）

17.以利润最大化作为财务管理目标可能导致管理者的短期行为。（　　）

18.金融市场的主体就是指金融机构。（　　）

19.普通合伙企业的合伙人必须对合伙企业的债务承担无限连带责任。（　　）

20.流通市场是指从事新证券和票据等金融工具买卖的市场。（　　）

五、案例分析题

时代公司所有者与债权人之间的项目投资矛盾

时代公司的债券原为AA级，但最近公司被一系列问题困扰，从而陷入了财务困境，如果公司现在申请破产，那么其股东将一无所获。现在，时代公司通过出售其过去投资的有价证券来筹集资金，准备对以下两个互斥项目中的一项进行投资，以避免公司破产。互斥项目是指时代公司将从两个项目中选择一个，而放弃另外一个。两个项目均在第1年年初投资1 500万元，第1～10年的净现金流量（不包括第1年年初的现金流出量）及有关资料见表1-1。

表1-1　　时代公司投资项目

有关情况		利润	
状况	概率	项目A（万元）	项目B（万元）
好	0.5	450	3 515
差	0.5	-45	-2 515

要求：

（1）哪一个项目的总风险较高？为什么？

（2）如果你是公司股东，那么你希望选哪个项目？

（3）如果你是公司的债权人，那么你希望公司的经理选哪个项目？

（4）为防止决策引起利益冲突，债权人预先应采取何种保护措施？谁来承担保护措施的成本？

第二部分　自测习题参考答案

一、名词解释

1.财务管理

财务管理是指组织企业财务活动、处理财务关系的一项经济管理工作。

2.企业财务活动

企业财务活动是指以现金收支为主的企业资金收支活动的总称。

3.企业财务关系

企业财务关系是指企业在组织财务活动的过程中与各有关方面发生的经济关系。

4.股东财富最大化

股东财富最大化是指通过财务上的合理运营，为股东带来最多的财富。

5.利率

利率又称利息率，是指利息占本金的比率。从资金的借贷关系来看，利率是一定时期运用资金资源的交易价格。

6.通货膨胀补偿率

通货膨胀补偿率是指由于持续的通货膨胀不断降低货币的实际购买力，为补偿其购买力下降而要求提高的利率。

二、单项选择题

1.C	2.D	3.A	4.D	5.A
6.C	7.C	8.A	9.C	10.A
11.B	12.C	13.A	14.D	15.D
16.D	17.C	18.D	19.A	20.B

难点解析：

1.企业与债权人之间的财务关系体现的是债务与债权关系；企业与受资者之间的财务关系体现的是所有权性质的投资与受资关系；企业与债务人之间的财务关系体现的是债权与债务关系；企业与政府之间的财务关系体现的是一种强制和无偿的分配关系。

2.由于国库券风险很低，因此国库券利率=无风险收益率=纯利率+通货膨胀补偿率，即5%=4%+通货膨胀补偿率，所以可以判断存在通货膨胀，且通货膨胀补偿率=5%-4%=1%。

3.甲公司购买乙公司发行的债券，则乙公司是甲公司的债务人，所以选项A形成的是“本企业与债务人之间财务关系”；选项B、C、D形成的是企业与债权人之间的财务关系。

4.监督、约束、激励是解决股东与经营者之间的利益矛盾方法。停止借款可以用于解决所有者与债权人之间的矛盾。

5.国库券利率=纯利率+通货膨胀补偿率。

7.金融环境是影响企业财务管理最主要的环境因素。

8.企业从债权人处筹集债务资金，并按期支付利息给债权人，属于筹资活动。

9.企业与受资者之间的财务关系体现的是所有权性质的投资与受资关系。

10.企业财务管理的对象是资金及其运动。

11.净资产等于资产减去负债，即所有者权益，它是股东（所有者）的基本权利。

12.合伙企业的合伙人对合伙企业债务承担无限连带责任；独资企业的投资者对企业债务负无限责任。因此，合伙企业和独资企业必须以各所有者的个人全部资产承担一切财务风险或责任。

13.法律环境包括企业组织法规、财务会计法规、税收法律规范三个方面。选项B通货膨胀状况与选项D资本市场属于金融市场环境。选项C经济发展水平属于经济环境。

14.财务管理的最优目标是企业价值最大化。

15.通常，股东同时采取监督和激励两种方式来协调自己和经营者的目标。尽管如此，仍不可能使经营者完全按照股东的意愿行动，经营者仍然可能采取一些对自己有利而不符合股东最大利益的决策，并由此给股东带来一定的损失。股东要权衡轻重，力求找出能使监督成本、激励成本和偏离股东目标的损失三项之和最小的办法，它是最佳的解决办法。

16.每股收益最大化观点将企业的利润与股东投入的股本联系起来，考虑了投资额与利润的关系，但是每股收益最大化仍然没有考虑资金时间价值和风险价值，也不能避免企业经营行为短期化。

17.纯利率是指没有风险、没有通货膨胀情况下的利率，它受平均利率、货币供求关系的影响。

18.公司制企业的优点之一是承担有限的债务责任。

19.在相关利益者中，股东作为企业的所有者，在企业中拥有最大的权利、获得最大的报酬，并承担最多的义务和最高的风险。

20.设立合伙企业的缺点包括：责任无限、权利分散、产权转让困难。合伙企业只需要缴纳个人所得税，不需要缴纳企业所得税，因此，不存在双重课税。

三、多项选择题

1.BD	2.ABCD	3.BCD	4.BCD	5.AC
6.ABCD	7.ABC	8.BCD	9.AC	10.AD
11.BC	12.ABCD	13.ABD	14.ABD	15.ABCD
16.BC	17.ABC	18.ACD	19.ABC	20.BC

难点解析：

1.企业把资金投资于固定资产、无形资产以及企业的经营活动，属于对内投资。

2.投资者与企业之间通常发生以下财务关系：投资者可以对企业进行一定程度的控制或施加影响；投资者可以参与企业净利润的分配；投资者对企业的剩余资产享有索取权；投资者对企业承担一定的经济法律责任。

3.经济环境包括经济周期、经济发展水平、宏观经济政策三个方面。

4.风险报酬率包括违约风险报酬率、期限风险报酬率和流动性风险报酬率。

5.采购原材料、销售商品属于经营活动；购买国库券属于投资活动；支付现金股利属于分配活动。

6.企业的财务活动包括筹资活动、投资活动、营运活动（经营活动）和利润分配活动。

7.公司制企业相对于其他企业而言，其优点是：产权容易转移，股东只承担有限责任，并且比较容易筹集资金。公司制企业的利润分配活动应遵循《公司法》的有关规定，并要受到法律约束、股东约束、债权人约束等。

8.利率包含纯利率、通货膨胀补偿率、期限风险报酬率、流动性风险报酬率和违约风险报酬率，而违约风险报酬率、流动性风险报酬率和期限风险报酬率三者组成了风险报酬率。

9.股东可以通过经营者为了自身利益而伤害债权人的利益，包括：不经债权人的同意，投资比债权人预期风险高的新项目；不征得债权人同意发行新债。选项B不顾工人的健康和利益，伤害的是员工利益。选项D不尽最大努力去实现财务管理目标是经营者和所有者（股东）之间的矛盾。

10.选项A企业购置无形资产和选项D企业购买股票，属于投资活动。选项B企业提取盈余公积金属于分配活动。选项C支付股息属于筹资活动。

11.限制性借款、收回借款是债权人降低企业违约风险的措施；解聘、激励是解决经营者与股东之间矛盾的方式。

14.经营者和所有者的主要矛盾是经营者希望在创造财富的同时，能够获得更多的报酬、更多的享受，并避免各种风险。而所有者则希望以较小的代价（支付较少报酬）实现更多的财富。可用于协调所有者与经营者矛盾的措施包括解聘、接收和激励。激励有两种基本方式：股票期权和绩效股。

16.股东可采取监督和激励两种方法协调自己与经营者的目标，股东应在监督成本、激励成本和偏离股东目标的损失之间进行权衡，以寻求最佳的解决方法。

17.只适用于上市公司，对非上市公司则很难适用，是股东财富最大化目标的缺点，不是其优点。

18.财务管理的基本内容有筹集资金、投资管理、营运资金管理和股利分配。

19.每股收益最大化观点将企业的利润与投入的股本联系起来，可以反映投入与产出的关系，但还是没有考虑资金时间价值和利润与所承担风险的关系，而且可能造成经营行为短期化。每股收益的数据很容易从报表中取得。

20.政策性银行是指由政府设立，以贯彻国家产业政策、区域发展政策、不以营利为目的的金融机构，包括国家开发银行、中国进出口银行、中国农业发展银行。选项A中国人民银行是中央银行，选项C中国农业银行属于商业银行。

四、判断题

1.×	2.√	3.√	4.×	5.√
6.√	7.√	8.×	9.×	10.×
11.√	12.×	13.√	14.√	15.×
16.×	17.√	18.×	19.√	20.×

难点解析：

1.二者体现的是股权性质的投资与受资关系。

2.公司制企业与独资企业和合伙企业相比具有的特点包括：有限责任；永续存在；可转让性；易于筹资；对公司收益重复纳税。

4.流动性风险收益率是指弥补债务人资产的流动性不好带来的风险。违约风险收益率是指为了弥补债务人无法按时还本付息而带来的风险，由债权人要求提高的利率。

7.通货膨胀补偿率是构成金融市场利率的一部分，通货膨胀起伏不定，则金融市场利率也随之起伏。

8.财务管理的主要内容是投资、筹资和股利分配。在投资决策中要考虑机会成本及资本成本，在筹资和股利分配中要考虑资本成本问题。

9.短期证券市场是指资金市场。一般来说，短期是指资金市场；长期是指资本市场。

10.企业与政府之间的财务关系体现一种强制和无偿的分配关系。

12.企业的信用等级越高，信用越好，违约风险越低，利率水平越低。

13.一项负债到期日越长，债权人承受的不确定因素越多，承担的期限风险越高，债权人要求得到的报酬率也越高。

15.企业价值最大化目标充分考虑了众多相关利益主体的不同利益。

16.企业筹资活动主要涉及的是固定资产和长期负债的管理问题，其中关键是资本结构的确定。

17.以利润最大化作为企业财务管理的目标，导致企业只顾追求当年的最大利润，而不顾长远发展。

18.金融市场的主体是指参与金融市场交易活动而形成的买卖双方的各个经济单位，它包括双方而不仅是指金融机构。

20.发行市场是指从事新证券和票据等金融工具买卖的市场。流通市场是指从事已上市的证券或票据等金融工具买卖的市场。

五、案例分析题

（1）如果发生差的状况，那么项目B将造成2 515万元的损失，比项目A的45万元损失高很多，因此，项目B的风险高。当发生好的状况时，项目B的收益3 515万元，显著大于项目A的收益450万元，与风险收益呈正相关的观点一致。

（2）如果我是公司股东，那么我选择项目B。因为如案例所述，时代公司已经濒临倒闭，所以即使项目B失败，股东也不会有更多的损失。但是，一旦项目成功，与选择项目A相比，项目B能为时代公司带来更多的现金流量，从而使时代公司起死回生。

（3）如果我是公司债权人，那么我希望公司的经理选择项目A。由于债权人的收益是固定的，不因企业收益率的变化而变化，因此，债权人关心企业承担的风险高低，项目A的风险较低，可以保证债权人的资金安全。

（4）本例实际上是股东和债权人之间的委托-代理问题。为了解决这种代理问题，债权人可以采取多种措施，比如在贷款合同中限定资金的用途，只允许用于投资项目A。从表面上看，保护措施的受益者是债权人，所以应该由债权人承担保护措施的成本，但在现实生活中债权人往往用一定方法将这部分成本转嫁给企业（如调整贷款利率）。

第三部分 Excel财务函数实训

一、实训目的

Excel中提供的常用财务函数是应用电子报表软件从事财务管理的基础。通过本实训，要求学生熟练掌握常用函数，以便顺利完成后续综合性实训项目的学习。

二、实训原理

运用Excel中提供的常用财务函数，掌握函数公式及公式中涉及的参数的含义。

（1）返回两个期间之间累计偿还的利息数额=CUMIPMT（rate，nper，pv，start_period，end_period，type）

（2）返回一组值当中的最大值=MAX（number1，number2，…）

（3）净现值=NPV（rate，value1，value2，…）

（4）内部报酬率=IRR（values，guess）

（5）将数字向下舍入到最接近的整数=INT（number）

（6）返回正平方根=SQRT（number）

（7）IF函数=IF（logical_test，value_if_true，value_if_false）

三、实训内容

围绕财务管理体系，按货币时间价值、筹资活动、投资活动、资金运营活动、利润分配活动的分类方式，将部分常见的函数名称，以及函数功能在表1-2中列出，在以后章节的Excel相关实训中将出现这些函数的具体应用。

表1-2 选出部分常见的财务函数

分类	函数	函数功能
筹资活动	CUMIPMT	返回一笔贷款在给定的start_period到end_period期间累计偿还的利息数额
	MAX	返回一组值当中的最大值
投资活动	NPV	基于一系列现金流和固定的各期贴现率，返回一项投资的净现值
	IRR	返回由数值代表的一组现金流的内部报酬率
营运管理活动	INT	将数字向下舍入到最接近的整数
	SQRT	返回正平方根
利润分配活动	IF	根据指定的条件来判断其“真”（true）、“假”（false），根据逻辑计算的真假值，从而返回相应的内容

1.CUMIPMT函数

CUMIPMT函数

（1）用途：返回一笔贷款在给定的start_period到end_period期间累计偿还的利息数额。

（2）语法：=CUMIPMT（rate，nper，pv，start_period，end_period，type）。

（3）参数：

①rate，必需。利率。

②nper，必需。贷款期限。

③pv，必需。现值。

④start_period，必需。计算中的首期，付款期数从1开始计数。

⑤end_period，必需。计算中的末期。

⑥type，必需。付款时间类型，类型为0（零）表示期末付款；类型为1表示期初付款。

举例：某人贷款125 000元，贷款期限30年，银行年利率为9%，按年还款，请计算从第13期到第24期累计偿还的利息数额是多少。

本题在Excel中的操作如下：

在单元格B6中输入公式“=CUMIPMT（9%，30，125000，13，24，0）”，其中rate=9%，表示年利率9%；nper=30，表示贷款期限为30年；pv=125 000，表示现值为125 000元；start_period=13，end_period=24，表示从第13期开始到第24期结束的一段期间；type=0，表示期末付款，从而运用公式得到从第13期到第24期累计偿还的利息数额94 054.82

元，如图1-1所示。

B6	=CUMIPMT(9%, 30, 125000, 13, 24, 0)
	A	**B**
1	年利率RATE	9%
2	贷款期限NPER（年）	30
3	现值PV（元）	125000
4	计算中的首期	13
5	计算中的末期	24
6	期间产生的利息	-94054.82

图1-1 CUMIPMT函数的计算

（4）说明：

①应确认所指定的rate和nper单位的一致性，例如，同样是4年期年利率为10%的贷款，如果按月支付，rate应为10%÷12，nper应为4×12；如果按年支付，rate应为10%，nper为4。

②如果rate≤0或nper≤0或pv≤0，那么函数CUMIPMT返回错误值“#NUM!”。

③如果start_period < 1、end_period < 1或start_period > end_period，那么函数CUMIPMT返回错误值“#NUM!”。

④如果type不是数字0或1，那么函数CUMIPMT返回错误值“#NUM!”。

2.MAX函数

（1）用途：返回一组值当中的最大值。

（2）语法：=MAX（number1，number2，…）。

（3）参数：number1是必需的，后续数值是可选的。

MAX函数

举例：某公司2022年1月份销售部门工资总额552 000元，管理部门工资总额321 600元，生产部门工资总额925 000元，数据输入在Excel表格中，如图1-2所示，运用MAX函数，请计算各部门工资总额最高的是多少元。

本题在Excel中的操作如下：

在单元格B4中输入公式“=MAX（B1：B3）”，求出是三个部门中最高工资总额的部门是生产部门，其工资总额为925 000元。

B4	=MAX(B1:B3)	
	A	**B**
1	销售部门工资（元）	552000
2	管理部门工资（元）	312600
3	生产部门工资（元）	925000
4	各部门最高的工资总额（元）	925000

图1-2 MAX函数的计算

（4）说明：

①参数可以是数字或者包含数字的名称、数组或引用。

②逻辑值和直接键入到参数列表中代表数字的文本被计算在内。

③如果参数为数组或引用，那么只使用该数组或引用中的数字。数组或引用中的空白单元格、逻辑值或文本将被忽略。

④如果参数中不包含数字，那么函数MAX返回0。

⑤如果参数为错误值或为不能转换为数字的文本，那么将会导致错误。

⑥如果要使用计算包括引用中的逻辑值和代表数字的文本，那么需要使用MAXA函数。

3.NPV函数

(1) 用途：通过使用贴现率以及一系列未来的现金流出量（负值）和现金流入量（正值），返回一项投资的净现值。

NPV函数

(2) 语法：=NPV（rate，value1，value2，…）。

(3) 参数：

①rate，必需。代表某一期间的折现率。

②value1，必需（后续值是可选的）。这些是代表现金流出量和现金流入量的参数。value1，value2，…，时间上必须具有相等的时间间隔，并且现金流都发生在期末。

③NPV使用value1、value2…的顺序来解释现金流的顺序，所以要保证现金流出量、现金流入量按发生的正确顺序输入。

④忽略以下类型的参数：参数为空白单元格、逻辑值、数字的文本表示形式、错误值或不能转化为数值的文本。如果参数是一个数组或引用，那么只计算其中的数字。输入其他类型的参数将被该函数忽略。

举例：某投资项目初始投资110万元，第1年没有现金流量，第2年到第5年的现金流量为每年30万元，第六年的现金流量为45万元。项目必要报酬率为9%，请计算该投资项目的净现值。

本题在Excel中的操作如下：

在单元格B4中输入公式“=NPV（9%，-110，0，30，30，30，30，45）”，其中rate=9%，表示项目折现率9%；value1=-110，表示初始投资110万元，负号表示现金流出；根据公式得出该项目的净现值为5.50万元，如图1-3所示，表明该项目的内部报酬率比9%高，因此，选择接受该项目。

B6　=NPV(9%, -110, 0, 30, 30, 30, 30, 45)

	A	B
1	初始投资NCF_0（万元）	-110
2	NCF_1（万元）	0
3	NCF_1=NCF_2=…=NCF_5（万元）	30
4	NCF_6（万元）	45
5	折现率	9%
6	净现值NPV（万元）	¥5.50

图1-3　NPV函数的计算

（4）说明：

①函数NPV假定投资开始于value1现金流所在日期的前一期，并结束于最后一笔现金流的当期。函数NPV依据未来的现金流来进行计算。

②函数NPV与函数IRR有关，函数IRR是使NPV等于0时的折现率，即在单元格输入“=NPV（IRR（…），…）”，得到的结果为“0”。

4.IRR函数

IRR函数

（1）用途：返回连续期间的现金流量的内部报酬率。

（2）语法：=IRR（values，guess）。

（3）参数：

①values为数组或含有数值的单元格引用。其中，现金流入用正数表示，现金流出用负数表示。本参数要求values必须包含至少一个正值和一个负值，否则无法计算内部报酬率。另外，函数IRR是根据values参数的顺序来解释现金流量的顺序，因此，应按需要的顺序输入现金流入量和现金流出量，而且这些现金流必须是按固定的时间间隔发生的，如按月或按年。在values参数中如果出现数组、文本、逻辑值，将被忽略。

②guess是对函数IRR计算结果的估计值。Excel使用迭代法计算函数IRR。从guess开始，函数IRR不断反复计算，直至计算结果的误差率小于0.000010 10。如果经过20次计算，仍未找到结果，那么系统返回错误值“#NUM!”；在大多数情况下，并不需要提供参数guess值。如果省略guess值，那么系统自动假设它为0.1。如果函数IRR返回错误值“#NUM!”，或结果没有靠近期望值，那么可以换一个guess值重新计算。

举例：某项目初始投资110万元，第1年没有现金流量，第2年到第5年的现金流量为每年30万元，第六年的现金流量为45万元。请计算该投资项目的内部报酬率。

本题在Excel中的操作如下：

在单元格B8中输入公式“=IRR（B1：B7）”，如图1-4所示，得到该项目的内部报酬率为10.46%，比该项目的必要报酬率9%高，因此，选择接受该项目。

B8 　fx 　=IRR(B1:B7)

	A	B
1	初始投资NCF_0（万元）	-110
2	NCF_1（万元）	0
3	NCF_2（万元）	30
4	NCF_3（万元）	30
5	NCF_4（万元）	30
6	NCF_5（万元）	30
7	NCF_6（万元）	45
8	内部报酬率IRR	10.46%

图1-4　IRR函数的计算

5.INT函数

（1）用途：将数字向下舍入到最接近的整数。

（2）语法：=INT（number）。

（3）参数：number，必需。需要进行向下舍入取整的实数。

举例：请对图1-5中的A列数据，运用INT函数计算这些数字向下舍入到最接近的整数是多少。

INT函数

本题在Excel中的操作如下：

如在单元格B2中输入函数“=INT（5.9）”，得到结果为“5”，然后将单元格B2的公式套用到单元格B3：B6中，即得到A列数据向下舍入到最接近的整数，如图1-5所示。

B2 fx =INT(5.9)

	A	B
1	数据	最靠近向下的整数
2	5.9	5
3	204.5	204
4	3.2	3
5	90.65	90
6	87.25	87

图1-5 INT函数的计算

（4）说明：如果参数number为负值，那么函数INT返回错误值“#NUM!”

6.SQRT函数

（1）用途：返回正平方根。

（2）语法：=SQRT（number）。

（3）参数：number，必需。要计算平方根的数。

SQRT函数

举例：请对图1-6中的A列数据，运用SQRT函数计算这些数的平方根是多少。

本题在Excel中的操作如下：

在单元格B2中输入公式“=SQRT（5.9）”，得到5.9的平方根为2.43，然后将单元格B2的公式套用到单元格B3：B6中，即得到A列数据的平方根，如图1-6所示。

B2 fx =SQRT(A2)

	A	B
1	数据	平方根
2	5.9	2.43
3	201.5	14.20
4	625	25.00
5	90.65	9.52
6	187	13.67

图1-6 SQRT函数的计算

（4）说明：如果参数number为负值，函数SQRT返回错误值“#NUM!”。

7.IF函数

IF函数

（1）用途：如果指定条件的计算结果为true，那么IF函数将返回某个值；如果该条件的计算结果为false，那么IF函数将返回另一个值，例如，如果A1大于10，那么公式“=IF（A1>10，“大于10”，“不大于10”）”将返回“大于10”；如果A1小于或等于10，那么公式“=IF（A1>10，“大于10”，“不大于10”）”将返回“不大于10”。

（2）语法：=IF（logical_test，value_if_true，value_if_false）。

（3）参数：

①logical_test，必需。计算结果可能为true或false的任意值或表达式，例如，A10=100就是一个逻辑表达式；如果单元格A10中的值等于100，那么表达式的计算结果为true；否则为false。此参数可使用任何比较运算符。

②value_if_true，可选，logical_test参数的计算结果为true时所要返回的值，例如，如果此参数的值为文本字符串“预算内”，并且logical_test参数的计算结果为true，那么IF函数返回文本“预算内”。如果logical_test的计算结果为true，并且省略value_if_true参数（即logical_test参数后仅跟一个逗号），那么IF函数将返回0（零）。如果要显示单词true，那么请对value_if_true参数使用逻辑值true。

③value_if_false，可选。logical_test参数的计算结果为false时所要返回的值，例如，如果此参数的值为文本字符串“超出预算”，并且logical_test参数的计算结果为false，那么IF函数返回文本“超出预算”。如果logical_test参数的计算结果为false，并且省略value_if_false参数（即value_if_true参数后没有逗号），那么IF函数返回逻辑值false。如果logical_test的计算结果为false，并且省略value_if_false参数的值（即在IF函数中，value_if_true参数后没有逗号），那么IF函数返回值0（零）。

举例：项目甲、乙、丙、丁、戊的净现值在图1-7中列示，请使用IF函数对列示的项目作出决策。

C2 =IF(B2>=0,"接受","拒绝")

	A	B	C
1	项目	净现值（元）	项目决策
2	项目甲	8500	接受
3	项目乙	10.39	接受
4	项目丙	-541.45	拒绝
5	项目丁	-92.32	拒绝
6	项目戊	800.9	接受

图1-7　IF函数的计算

本题在Excel中的操作如下：

输入公式“=IF（B2>=0，“接受”，“拒绝”）”，表示，如果项目甲的净现值≥0，那么接受该项目；如果项目甲的净现值<0，那么拒绝该项目。

（4）说明：

①最多可以使用64个IF函数作为value_if_true和value_if_false参数的嵌套，以构造更详尽的测试。或者，若要测试多个条件，请考虑使用LOOKUP、VLOOKUP、HLOOKUP或CHOOSE函数。

②如果IF函数的任意参数为数组，那么当执行IF语句时，将计算数组的每一个元素。

第二章 货币时间价值与风险报酬

第一部分 自测习题

一、名词解释

1. 货币时间价值
2. 复利
3. 年金
4. 普通年金
5. 先付年金
6. 递延年金
7. 永续年金
8. 企业特有风险
9. 市场风险
10. 期望值
11. 标准差

二、单项选择题

1. 某公司希望在第5年年末取得本利和20 000元，则在年利率为2%，单利计息的方式下，该公司现在应当存入银行（　　）元。

A.18 114　　B.18 181.81

C.18 004　　D.18 000

2. 某公司目前向银行存入1 000元，银行存款年利率为2%，在复利计息的方式下，5年后该公司可以从银行取出（　　）元。

A.1 100　　B.1 104.1

C.1 204　　D.1 106.1

3. 某公司进行一项投资，预计6年后会获得收益880万元，在年利率为5%的情况下，这笔收益的现值为（　　）万元。

A.4 466.62　　B.656.67

C.670.56　　D.4 455.66

4. 企业有一笔5年后到期的贷款，到期值是15 000元，假设存款年利率为3%，则企业为偿还借款建立的偿债基金为（　　）元。

A.2 825.39　　B.3 275.32

C.3 225.23　　D.2 845.34

5.某人分期购买一辆汽车，每年年末支付10 000元，分5次付清，假设年利率为5%，则该项分期付款相当于现在一次性支付（　　）元。

A.55 256　　B.43 295

C.43 290　　D.55 265

6.某企业进行一项投资，目前支付的投资额是10 000元，预计在未来6年内收回投资，在年利率6%的情况下，为了使该项投资是合算的，那么企业每年至少应当收回（　　）元。

A.1 433.63　　B.1 443.63

C.2 023.64　　D.2 033.64

7.某一项年金前4年没有流入，后5年每年年初流入1 000元，则该项年金的递延期是（　　）年。

A.4　　B.3

C.2　　D.1

8.某公司拟进行一项投资，希望进行该项投资后每半年都可以获得1 000万元的收入，年收益率为10%，则目前的投资额应是（　　）万元。

A.10 000　　B.11 000

C.20 000　　D.21 000

9.某公司于第1年年初向银行借款30 000万元，预计在未来每年年末偿还借款6 000万元，连续10年还清，则该项贷款的年利率为（　　）。

A.20%　　B.14%

C.16%　　D.15%

10.在下列各项中，（　　）会引起企业财务风险。

A.举债经营　　B.生产组织不合理

C.销售决策失误　　D.新材料出现

11.甲项目收益率的期望值为10%，标准差为10%；乙项目收益率的期望值为15%，标准差为10%，则可以判断（　　）。

A.由于甲、乙项目的标准差相等，因此，两个项目的风险相等

B.由于甲、乙项目的期望值不等，因此，无法判断二者的风险高低

C.由于甲项目的期望值小于乙项目，因此，甲项目的风险低于乙项目

D.由于甲项目的标准离差率大于乙项目，因此，甲项目的风险高于乙项目

12.某公司从本年度起于每年年末存入银行一笔固定金额的款项，若按复利制用最简便的算法计算第n年年末可以从银行取出的本利和，则应选用的时间价值系数为（　　）。

A.复利终值系数　　B.复利现值系数

C.普通年金终值系数　　D.普通年金现值系数

13.某公司拟于5年后一次还清所欠债务100 000元，假定银行利息率为10%，5年10%的年金终值系数为6.1051，5年10%的年金现值系数为3.7908，则从现在起每年年末

等额存入银行的偿债基金应为（　　）元。

A.16 379.75　　B.26 379.65

C.379 080　　D.610 510

14.已知甲、乙两个方案的投资收益率的期望值分别为10%和12%，两个方案都存在投资风险，在比较甲、乙两个方案的风险高低时应使用的指标是（　　）。

A.标准离差率　　B.标准差

C.协方差　　D.方差

15.某企业投资一个项目，该项目的风险报酬系数为0.5，标准差为1.2%，期望报酬率为15%，无风险报酬率为8%，则该项目的风险报酬率为（　　）。

A.8%　　B.4%

C.10%　　D.5%

16.（　　）是指在投资收益不确定的情况下，按估计的各种可能收益水平及其发生的概率计算的加权平均数。

A.期望投资收益　　B.实际投资收益

C.无风险收益　　D.必要投资收益

17.在资金时间价值的计算中，公式符号$\sum_{t=1}^{n}\frac{1}{(1+i)^{t}}$被称为（　　）。

A.复利终值系数　　B.复利现值系数

C.年金终值系数　　D.年金现值系数

18.A方案在3年中每年年初付款100元，B方案在3年中每年年末付款100元，若利率为10%，则A方案和B方案在第3年年末时的终值之差为（　　）元。

A.33.1　　B.31.3

C.133.1　　D.13.31

19.一项500万元的借款，借款期限为5年，年利率为8%，若每半年复利一次，则年实际利率会高出名义利率（　　）。

A.4%　　B.0.24%

C.0.16%　　D.0.8%

20.企业投资国库券，可以不必考虑的风险是（　　）。

A.违约风险　　B.再投资风险

C.购买力风险　　D.利率风险

三、多项选择题

1.年金是指一定时期内每期等额收付的系列款项，下列各项属于年金形式的有（　　）。

A.按照直线法计提的折旧　　B.等额本息分期付款

C.融资租赁的租金　　D.养老金

2.某人决定在未来5年内于每年年初存入银行1 000元（共存5次），年利率为2%，则在第5年年末能一次性取出的金额计算正确的有（　　）。

A.1 000×$FVIFA_{2\%,5}$　　B.1 000×$FVIFA_{2\%,5}$×（1+2%）

C.1 000×$FVIFA_{2,5\%}$×$PVIF_{2\%,1}$　　D.1 000×（$FVIFA_{2\%,6}$−1）

3.某项年金前3年没有流入，从第4年开始每年年末流入1 000元，共计4次，假设年利率为8%，则该递延年金现值的计算公式正确的是（　　）。

A.1 000×$PVIFA_{8\%,4}$×$PVIF_{8\%,4}$　　B.1 000×（$PVIFA_{8\%,8}$−$PVIF_{8\%,4}$）

C.1 000×（$PVIFA_{8\%,7}$−$PVIF_{8\%,3}$）　　D.1 000×$FVIFA_{8\%,4}$×$PVIF_{8\%,7}$

4.下列各项所引起的风险，属于系统风险的是（　　）。

A.自然灾害　　B.通货膨胀

C.销售决策失误　　D.企业员工罢工

5.有关单项资产风险与报酬的计算，下列公式正确的是（　　）。

A.风险收益率=风险价值系数×标准离差率

B.风险收益率=风险价值系数×标准离差

C.投资总收益率=无风险收益率+风险收益率

D.投资总收益率=无风险收益率+风险价值系数×标准离差率

6.在下列各项中，能够衡量风险的指标有（　　）。

A.方差　　B.标准差

C.期望值　　D.标准离差率

7.在下列各项中，属于企业特有风险的有（　　）。

A.经营风险　　B.利率风险

C.财务风险　　D.汇率风险

8.某公司计划购置一台设备，付款条件是从第3年开始，于每年年末支付5万元，连续支付10年，则相当于该公司现在一次性支付（　　）万元，假设资本成本为10%。

A.5×（$PVIFA_{10\%,12}$−$PVIFA_{10\%,2}$）　　B.5×（$PVIFA_{10\%,12}$−$PVIFA_{10\%,3}$）

C.5×$PVIFA_{10\%,10}$×$PVIF_{10\%,2}$　　D.5×$PVIFA_{10\%,13}$×$PVIF_{10\%,2}$

9.资金的时间价值是指（　　）。

A.资金随着时间自行增值的特性

B.资金经过一段时间的投资和再投资所增加的价值

C.现在的1元钱与几年后的1元钱的经济效用不同

D.没有通货膨胀和风险条件下的社会平均资金利润率

10.年金按其每次首付发生的时点不同，可分为（　　）。

A.普通年金　　B.即付年金

C.递延年金　　D.永续年金

11.关于风险的度量，以下说法正确的有（　　）。

A.利用概率分布的概念，可以对风险进行衡量

B.期望报酬的概率分布越集中，该投资的风险越低

C.期望报酬的概率分布越集中，该投资的风险越高

D.标准差越小，概率分布越集中，相应的风险也就越低

12.关于年金的特点，以下说法正确的有（　　）。

A.同金额　　　　B.同间距

C.同方向　　　　D.同项目

13.财务决策按其性质可分为（　　）。

A.确定性决策　　　　B.风险性决策

C.收益性决策　　　　D.不确定性决策

14.下列关于年金的各种说法，正确的有（　　）。

A.年偿债基金为普通年金终值的逆运算

B.普通年金又称先付年金或预付年金

C.预付年金又称即付年金或先付年金

D.预付年金的现值是“期数减1，系数加1”的普通年金现值

15.下列有关年金的说法，正确的有（　　）。

A.n期先付年金比n期后付年金的付款次数多一次

B.n期先付年金与n期后付年金的付款时间不同

C.n期先付年金现值比n期后付年金现值多折现一期

D.n期先付年金现值等于n期后付年金现值乘以（1+贴现率）

四、判断题

1.货币的时间价值原理，正确地揭示了不同时点上资金之间的换算关系，是财务决策的基本依据。（　　）

2.由现值求终值，称为贴现，贴现时使用的利息率称为贴现率。（　　）

3.资金时间价值相当于在没有风险情况下的社会平均资金利润率。（　　）

4.利率不仅包含时间价值，而且包含风险价值和通货膨胀补偿率。（　　）

5.每半年付息一次的债券利息是一种年金的形式。（　　）

6.即付年金的现值系数是在普通年金的现值系数的基础上系数+1，期数-1得到的。（　　）

7.递延年金有终值，终值的大小与递延期是有关的，在其他条件相同的情况下，递延期越长，则递延年金的终值越大。（　　）

8.某人贷款5 000元，该项贷款的年利率是6%，每半年计息一次，则3年后该项贷款的本利和为5 955元。（　　）

9.在利率和计息期数相同的条件下，复利现值系数与复利终值系数互为倒数。（　　）

10.在本金和利率相同的情况下，若只有一个计息期，则单利终值与复利终值是相同的。（　　）

11.企业于每月月初支付的等额工资称为预付年金。（　　）

12.货币的时间价值是由时间创造的，因此，所有的货币都有时间价值。（　　）

13.企业将两个方案进行对比，标准离差率越小的方案，说明该方案的风险越高。（　　）

14.在通常情况下，资金时间价值是指在既没有风险又没有通货膨胀条件下的社会平均投资报酬率。（　　）

15.永续年金与其他年金一样，既有现值，又有终值。 （ ）

16.n期先付年金与n期后付年金的付款次数相同，但由于付款时间不同，因此，n期先付年金终值比n期后付年金终值多计算一期利息。所以，可先求出n期后付年金的终值，然后再乘以（1+i）便可求出n期先付年金的终值。 （ ）

17.英国和加拿大有一种国债是没有到期日的债券，这种债券的利息被视为永续年金。 （ ）

18.复利计息频数越大，复利次数越多，终值的增长速度越快，相同期间内终值越大。 （ ）

19.如果两个项目预期收益率相同、标准差不同，那么理性投资者会选择标准差较大（即风险较低）的项目。 （ ）

20.经济危机、通货膨胀、经济衰退以及高利率通常被认为是可分散的市场风险。 （ ）

21.政府发行的短期债券有国家财力作后盾，其本金的安全性非常高，通常视为无风险证券。 （ ）

22.利率随时间上下波动，利率的下降会导致流通在外的债券价格下降。 （ ）

23.当两个目标投资公司的预期收益相同时，标准差小的公司风险较低。 （ ）

24.随着折现率的提高，未来某一款项的现值将逐渐增加。 （ ）

25.利用概率分布的概念，我们能够对风险进行衡量，即预期未来收益的概率分布越集中，则该投资的风险越高。 （ ）

五、计算题

1.假设利民工厂有一笔123 600元的资金，准备存入银行，希望在7年后利用这笔款项的本利和购买一套生产设备，当时的银行存款利率为复利10%，该设备的预计价格为240 000元。

要求：试用数据说明7年后利民工厂能否用这笔款项的本利和购买设备。

2.某合营企业于年初向银行借款500 000元购买设备，第1年年末开始还款，每年还款一次，等额偿还，分5年还清，银行借款利率为12%。

要求：试计算每年应还款多少。

3.小王现在准备存入一笔钱，以便在以后的20年中于每年年底得到3 000元，设银行存款利率为10%。

要求：计算小王目前应存入多少钱。

4.资料：时代公司目前向银行存入140 000元，以便在若干年后获得300 000元，现假设银行存款利率为8%，每年复利一次。

要求：计算时代公司需要多少年存款的本利和才能达到300 000元。

5.某企业基建3年，每年年初向银行贷款100万元，年利率为10%，银行要求企业建成投产3年后一次性还款，问企业到时应偿还多少？若银行要求企业建成投产2年后分3年偿还，问企业平均每年应偿还多少？

6.某公司拟租赁一间厂房，期限是10年，假设年利率是10%，出租方提出以下几种付款方案：

（1）立即支付全部款项，共计20万元；

（2）从第4年开始于每年年初付款4万元，至第10年年初结束；

（3）从第1年至第8年于每年年末支付3万元，第9年年末支付4万元，第10年年末支付5万元。

要求：通过计算回答该公司应选择哪一种付款方案比较合算。

7.东方公司需用一台设备，买价为1 600元，可用10年。若租用该设备，则公司于每年年初需付租金200元。除此以外，买与租的其他情况相同。假设利率为6%。

要求：用数据说明东方公司购买或租用该设备哪个方案比较好。

8.甲企业向乙企业借入一笔款项，借款年利率为10%，每年复利计息一次。借款合同规定，前10年不用还本付息，但从第11年至第20年于每年年末需偿还本息5 000元。

要求：计算这笔借款的现值。

9.某公司正考虑买入一台机器，预计产生的现金流量见表2–1。

表2–1 **预计产生的现金流量** 单位：元

时间	1	2	3	4	5	6	7	8	9	10
现金流量	1 200	2 000	2 400	1 900	1 600	1 400	1 400	1 400	1 400	1 400

要求：若确定的年贴现率为14%，则该现金流量的现值是多少？

10.某公司拟购置一处房产，房主提出两种付款方案：

（1）从现在起，于每年年初支付200 000元，连续支付10次，共2 000 000元。

（2）从第5年开始，于每年年初支付250 000元，连续支付10次，共2 500 000元。

要求：假设该公司的资本成本（即年最低报酬率）为10%，你认为该公司应选择哪个方案？

11.假设红星电器厂准备投资开发集成电路生产线，根据市场预测，预计可能获得的年报酬及概率见表2–2。

表2–2 **预计可能获得的年报酬及概率** 金额单位：万元

市场状况	预计年报酬（X_i）	概率（P_i）
繁荣	600	0.3
一般	300	0.5
衰退	0	0.2

已知电器行业的风险报酬系数为8%，无风险报酬率为6%。

要求：试计算红星电器厂该方案的期望报酬额、标准差、标准离差率、风险报酬率。

六、案例分析题

要住房还是拿住房补贴

王博士是成功海归人士，国内某领域的知名专家，某日接到一家上市公司的邀请函，邀请他作为公司的技术顾问，指导开发新产品。邀请函的具体条件如下：

（1）每个月来公司指导工作一天；

（2）每年聘金20万元；

（3）提供公司所在城市住房一套，价值100万元；

（4）为公司至少工作6年。

王博士对以上工作待遇很感兴趣，对公司开发的新产品也很有研究，决定应聘。但他不想接受住房，因为每月仅到公司工作一天，住公司招待所就可以了。因此他向公司提出，能否将提供住房改为发住房补贴。公司研究了王博士的请求，决定可以在今后6年里于每年年初支付王博士25万元住房补贴。

收到公司的通知后，王博士又犹豫起来，因为如果向公司要住房，可以将其出售，扣除售价5%的契税和手续费，他可以获得95万元的现金，而若接受住房补贴，则每年年初可获得25万元的现金。假设每年存款利率3%，王博士应该如何选择？

若王博士本身是一个企业的业主，其资金的投资回报率为25%，则他又该如何选择呢？

第二部分 自测习题参考答案

一、名词解释

1.货币时间价值

货币时间价值是指在没有风险和没有通货膨胀的情况下，一定量货币在不同时点的价值差额。

2.复利

复利是指不仅本金要计算利息，而且利息也要计算利息，即通常所说的“利滚利”。

3.年金

年金是指在一定时期内，每隔相同的时间，收入或支出相等金额的系列款项。

4.普通年金

普通年金是指每期期末，收入或支出相等金额的系列款项。

5.先付年金

先付年金是指在每期期初收入或支出相等金额的款项，而不是每期期末，又称即付年金。

6.递延年金

递延年金是指在最初若干期没有收付款项的情况下，后面若干期有等额的系列收付款项的年金。

7.永续年金

永续年金是指无限期的收入或支出相等金额的年金，又称永久年金。

8.企业特有风险

企业特有风险是指由个别企业的特有事件造成的风险。它是随机发生的，只与个别企业和个别投资项目有关，不涉及所有企业和所有项目，可以分散，又称非系统风险或可分散风险。

9.市场风险

市场风险是指影响所有企业的风险。它是由企业的外部因素引起的，企业无法控制、无法分散，涉及所有的投资对象，又称系统风险或不可分散风险。

10.期望值

期望值，又称均值，是指随机变量各个可能取值以概率为权数的加权平均值。

11.标准差

标准差是指用来衡量概率分布各种可能值对期望值的偏离程度，反映风险的高低。

二、单项选择题

1.B	2.B	3.B	4.A	5.B
6.D	7.B	8.C	9.D	10.A
11.D	12.C	13.A	14.A	15.B
16.A	17.D	18.A	19.C	20.A

难点解析：

1.根据题意，首先判断出是已知终值求现值，其次题目中说是按单利计算，所以选B。

2.根据题意，判断是已知现值求终值，其次题目中明确复利计息，所以可查找复利终值系数表得5年、利率2%的复利终值系数为1.1041，可求得答案为B。

3.根据题意，判断是已知终值求现值，其次题目中明确复利计息，所以可查找复利现值系数表得6年、利率5%的复利现值系数为0.7462，可求得答案为B。

4.偿债基金即每年偿还相同的金额。本题已知年金终值，求A，即$A\times FVIFA_{3\%,5}=15\ 000$。

5.$10\ 000\times PVIFA_{5\%,5}=10\ 000\times 4.3295=43\ 295$（元）

6. $A\times PVIFA_{6\%,6}=10\ 000$

7.根据题意在第5年年初有年金流入量，通过时间线可知，第5年年初即第4年年末，故而递延期为3年。

8.永续年金求现值。A为1 000元，半年利率为5%。1 000÷5%=20 000（元）

9.$6\ 000\times PVIFA_{i,10}=30\ 000$，通过查年金现值系数表，求出i接近15%。

10.只有选项A举债经营才会引起财务风险，其他选项可引起企业的其他风险，如经营风险。

11.期望值并不能用于评价项目风险的高低，所以选项C错误。在期望值不同的情况下，应当使用标准离差率衡量风险的高低，且根据本题条件能够计算两项目的标准离差率，所以选项A、B错误，选项D正确。

12.由于该公司于每年年末存入一笔固定的金额，并在第n年年末取出，因此，符合普通年金的特征，应选用普通年金终值系数。

13.偿债基金即每年偿还相等的金额。本题已知年金终值，求A，即$A\times FVIFA_{10\%,5}=100\ 000$。

14. 对于期望值相同的方案可使用标准差来衡量风险，但是对于期望值不同的方案，可利用标准离差率来衡量风险。

15. 风险报酬率=$\beta \cdot V=0.5\times\dfrac{1.2\%}{15\%}=4\%$

16. 期望投资收益是指在投资收益不确定的情况下，按估计的各种可能收益水平及其发生的概率计算的加权平均数。

18. $100\times FVIFA_{10\%,3}\times10\%=100\times3.3100\times10\%=33.1$（元）

19. 实际利率 $=\left(1+\dfrac{r}{m}\right)^{m}-1=\left(1+\dfrac{8\%}{2}\right)^{2}-1=8.16\%$，高出名义利率0.16%。

20. 国库券属于国家发行的短期债券，因此，企业不必考虑违约风险。

三、多项选择题

1.ABCD	2.BD	3.CD	4.AB	5.ACD
6.ABD	7.AC	8.AC	9.BCD	10.ABC
11.ABD	12.ABC	13.ABD	14.ACD	15.BD

难点解析：

1. 年金是指一定时期内每期等额收付的系列款项，年金的形式多种多样，如保险费、养老金、折旧、租金、等额分期收（付）款以及零存整取或者整存零取储蓄等。

2. 本题是即付年金求终值的问题，即付年金终值系数有两种计算方法：一是普通年金终值系数×（1+i），即选项B；一种是在普通年金终值系数的基础上期数+1，系数-1，即选项D。选项C有误，应改为$1\ 000\times FVIFA_{2,5\%}\times FVIF_{2\%,1}$。

3. 递延年金第一次流入发生在第4年年末，所以递延年金的递延期m=4-1=3（年），n=4，所以递延年金的现值=$1\ 000\times(PVIFA_{8\%,7}-PVIF_{8\%,3})=1\ 000\times FVIFA_{8\%,4}\times PVIF_{8\%,7}$。

4. 系统风险是指风险的起源与影响方面都不与特定的组织或个人有关，至少是某个特定组织或个人所不能阻止的风险，即全社会普遍存在的风险，如战争、自然灾害、经济衰退等带来的风险。罢工和销售决策失误引起的风险属于特定风险。

5. 投资总收益率=无风险收益率+风险收益率

风险收益率=风险价值系数×标准离差率

投资总收益率=无风险收益率+风险价值系数×标准离差率

7. 题目中的A、C选项属于企业特有风险，而B、D选项则是所有企业共有的风险，即市场风险。

10. 年金每次首付时间点在年初为即付年金又称先付年金；首付时间点在年末即为普通年金；而在一段时间之后则为递延年金。

13. 财务决策按其性质分为确定性决策、风险性决策以及不确定性决策三种。

14. $\dfrac{1}{FVIFA_{i,n}}$称作偿债基金系数。

15. n期先付年金与n期后付年金的付款次数相同，选项A错误。n期先付年金与n期后付年金的付款时间不同，选项B正确。n期先付年金现值比n期后付年金现值少折现一期，选项C错误。n期先付年金现值等于n期后付年金现值乘以（1+贴现率），选项D正确。

四、判断题

1.√	2.×	3.×	4.√	5.√
6.√	7.×	8.×	9.√	10.√
11.√	12.×	13.×	14.√	15.×
16.√	17.√	18.√	19.×	20.×
21.√	22.×	23.√	24.×	25.×

难点解析：

2.由终值求现值，称为贴现，贴现时使用的利息率称为贴现率。

3.资金时间价值相当于在没有风险和通货膨胀的情况下的社会平均资金利润率。

5.在年金中，系列等额收付的间隔期间只需要满足“相等”的条件即可，间隔期间可以不是一年，因此，本题的说法正确。

7.递延年金有终值，但是终值的大小与递延期无关。

8.半年计息的情况下，贴现率为3%，期数为6，现值为5 000，利用复利终值系数表求终值。

12.投入生产经营是随时间延续带来货币价值增值的前提。

13.企业将两个方案进行对比，标准差系数越小的方案，表明该方案的可能值与期望值偏离程度越小，结果的不确定性就越小，风险也就越低。

15.永续年金只有现值，没有终值。

19.比较两个项目的标准差，如果某个项目的标准差越大，那么表明该项目结果的不确定性越大。而不确定性越大则说明风险越高，因此，投资者应该选择标准差较小的项目。

20.经济危机、通货膨胀、经济衰退以及高利率都属于市场风险，而市场风险是不可分散风险，又称系统风险。

22.利率下降即贴现率下降，在其他条件不变的情况下，当贴现率降低时，现值系数升高，发行在外的债券价格升高。

24.在折现期间不变的情况下，折现率越高，折现系数则越小，因此，未来某一款项的现值越小。

25.利用概率分布的概念，我们能够对风险进行衡量，即预期未来收益的概率分布越集中，则该投资的风险越低。

五、计算题

1.解：

由复利终值的计算公式可知：

$FV_n = PV \times FVIF_{i,n}$

$= 123\,600 \times FVIF_{10\%,7} = 123\,600 \times 1.9487 = 240\,859.32$（元）

由以上计算可知，7年后这笔款项的本利和为240 859.32元，比设备价格高859.32元，所以，7年后利民工厂可以用这笔款项的本利和购买设备。

2.解：

由普通年金现值的计算公式可知：

$PV_n = A \times PVIFA_{i,n}$

$500\,000 = A \times PVIFA_{12\%,5}$

$$A = \frac{500\,000}{PVIFA_{12\%,5}} = \frac{500\,000}{3.6048} = 138\,703.95\,(\text{元})$$

由以上计算可知，每年应还款138 703.95元。

3.解：

由普通年金现值的计算公式可知：

$PV_n = A \times PVIFA_{i,n}$

$\quad = 3\,000 \times PVIFA_{10\%,20}$

$\quad = 3\,000 \times 8.5136 = 25\,540.8\,(\text{元})$

由以上计算可知，小王目前应存入25 540.8元。

4.解：

由复利终值的计算公式可知：

$FV_n = PV \times FVIF_{i,n}$

$$FVIF_{i,n} = \frac{FV_n}{PV}$$

$$FVIF_{8\%,n} = \frac{300\,000}{140\,000} = 2.1429$$

查复利终值系数表得，在8%一栏中，与2.1429接近但比2.1429小的终值系数为1.9990，其期数为9年，比2.1429大的终值系数为2.1589，其期数为10年。所以，n值一定在9年和10年之间，利用差值法可知：n=9.9（年）。

从以上计算结果可知，时代公司需要9.9年存款的本利和才能达到300 000元。

5.解：

若银行要求建成投产3年后（即第6年年末）一次性还款，则企业应偿还的金额：

$F_6 = 100 \times FVIFA_{10\%,3} \times (1 + 10\%) \times FVIF_{10\%,3} = 100 \times 3.3100 \times 1.1 \times 1.3310$

$\quad = 484.62\,(\text{万元})$

若银行要求建成投产2年后分3年偿还，则企业平均每年应偿还的金额：

$100 \times FVIFA_{10\%,3} \times (1 + 10\%) \times FVIF_{10\%,2} = A \times PVIFA_{10\%,3}$

A=177.15万元

6.解：

第一种付款方案支付款项的现值是20万元；

第二种付款方案是一个递延年金求现值的问题，第一次收付发生在第4年年初即第3年年末，所以递延期是2年，等额支付的次数是7次，所以：

$PV = 4 \times PVIFA_{10\%,7} \times PVIF_{10\%,2}$

$= 16.09$（万元）

第三种付款方案前8年是普通年金的问题，最后2年属于一次性收付款项，所以：

$PV = 3 \times PVIFA_{10\%,8} + 4 \times PVIF_{10\%,9} + 5 \times PVIF_{10\%,10}$

$= 3 \times 5.3349 + 4 \times 0.4241 + 5 \times 0.3855 = 19.63$（万元）

因为在三种付款方案中，第二种付款方案的现值最小，所以应当选择第二种付款方案。

7.解：

利用先付年金现值公式计算东方公司支付10年租金的现值。

$PV = A \times PVIFA_{i,n} \times (1 + i)$

$= 200 \times PVIFA_{6\%,10} \times (1 + 6\%)$

$= 200 \times 7.3601 \times 1.06$

$= 1\,560.34$（元）

由以上计算结果可知，10年租金的现值低于买价，因此，东方公司应选择租用该设备的方案。

8.解：

$PV_0 = A \times PVIFA_{i,n} \times PVIF_{i,n}$

$= 5\,000 \times PVIFA_{10\%,10} \times PVIF_{10\%,10}$

$= 5\,000 \times 6.1446 \times 0.3855$

$= 11\,843.72$（元）

9.解：

$PV_0 = 1\,200 \times PVIF_{14\%,1} + 2\,000 \times PVIF_{14\%,2} + 2\,400 \times PVIF_{14\%,3} + 1\,900 \times PVIF_{14\%,4} + 1\,600 \times PVIF_{14\%,5} + 1\,400 \times PVIFA_{14\%,5} \times PVIF_{14\%,5}$

$=1\,200\times0.8772+2\,000\times0.7695+2\,400\times0.6750+1\,900\times0.5921+1\,600\times0.5194+1\,400\times3.4331\times0.5194$

$=8\,664.08$（元）

10.解：

要比较两个方案，就必须将两个方案付款的现值进行比较。

第一个方案是一个10年期的即付年金，其现值为：

$PV_1 = A \times (PVIFA_{i,n-1} + 1)$

$= 200\,000 \times (PVIFA_{10\%,10-1} + 1)$

$= 200\,000 \times (5.7590 + 1)$

$= 1\,351\,800$（元）

第二个方案是一个延期3年的10年期递延年金，其现值为：

$PV_2 = A \times PVIFA_{i,n} \times PVIF_{i,m}$

$= 250\,000 \times PVIFA_{10\%,10} \times PVIF_{10\%,3}$

$= 250\,000 \times 6.1446 \times 0.7513$

$= 1\,154\,109.50$（元）

因为$PV_1 > PV_2$，所以应选择第二个方案。

11.解：

（1）计算期望报酬额。

$$\overline{X} = \sum_{i=1}^{n} X_i P_i$$
$$= 600 \times 0.3 + 300 \times 0.5 + 0 \times 0.2$$
$$= 330(万元)$$

（2）计算标准差。

$$\sigma = \sqrt{\sum_{i=1}^{n}(X_i - \overline{X})^2 \cdot P_i}$$
$$= \sqrt{(600-330)^2 \times 0.3 + (300-330)^2 \times 0.5 + (0-330)^2 \times 0.2}$$
$$= \sqrt{44\ 100} = 210(万元)$$

（3）计算标准离差率。

$$V = \frac{\sigma}{\overline{X}} = \frac{210}{330} = 0.64$$

（4）导入风险报酬系数，计算风险报酬率。

风险报酬率=b×V=8%×0.64=5.12%

六、案例分析题

解决上述问题，主要是比较王博士每年收到的25万元现金的现值与售房获得95万元现金的大小问题。由于住房补贴于每年年初发放，因此对王博士来说住房补贴相当于一笔先付年金。其现值计算如下：

$$PV = 25 \times PVIFA_{3\%,6} \times (1+3\%)$$
$$= 25 \times 5.4172 \times 1.03$$
$$= 139.49(万元) > 95(万元)$$

显然，从这一点来说，王博士应该接受住房补贴。

在投资回报率为25%的条件下，每年25万元的住房补贴现值为：

$$PV = 25 \times PVIFA_{25\%,6} \times (1+3\%)$$
$$= 25 \times 2.9514 \times 1.03$$
$$= 76(万元) < 95(万元)$$

在这种情况下，王博士应接受住房，然后卖掉住房，将售房资金用于企业投资。

第三部分 Excel在货币时间价值中的应用实训

一、实训目的

通过该实训使学生理解货币时间价值，利用Excel函数FV、PV及电子表格处理软件，熟悉并掌握货币时间价值，包括复利终值、复利现值、期数和利率的计算。

二、实训原理

运用筹资、投资管理中的终值、现值的概念，结合Excel函数公式，计算复利终值、复利现值、期数和利率。具体函数如下：

复利终值=FV（rate，nper，pmt，pv，type）

复利现值=PV（rate，nper，pmt，fv，type）

期数=NPER（rate，pmt，pv，fv，type）

利率=RATE（nper，pmt，pv，fv，type，guess）

三、实训内容

1.复利终值的计算

复利是指不仅对本金要计算利息，而且对本金所产生的利息也要计算利息，即“利滚利”。复利的终值是指一定量的本金按复利计算的若干年后的本利和。

复利终值的计算公式为：$FV=PV\cdot(1+i)^{n}=PV\cdot FVIF_{i,n}$

在Excel表格中，可以利用FV函数，是基于固定利率及等额分期付款方式，返回某项投资的未来值，即：FV（rate，nper，pmt，pv，type）。

复利终值的计算

其中，rate为各期利率；nper为总投资期内该项投资的付款期总数；pmt为各期所应支付的金额，在计算年金时使用，在复利计算过程中可省略为0；pv为现值，若省略现值，则假设为0即可；type可填数字0或1，用以指定各期的付款时间是在期初还是期末，若省略，则假设为0即可，若type为0则表示支付时间在期末，若type为1则表示支付时间在期初，一般在计算年金时使用。

举例：若你现在将5 000元存入银行，银行存款年利率为5%，要求计算第1年和第2年的本利和。

本例题在Excel中的操作如下：

第一步，在Excel表格中输入已知条件，选定B5单元格，输入公式“=FV（B4，1，0，-B3）”（也可根据Excel表格工具栏-公式-插入函数，选择FV函数），并按下回车键得第1年终值，如图2-1所示。

B5　fx　=FV(B4, 1, 0, -B3)

	A	B	C
1	复利终值的计算		
2	年数	第1年	第2年
3	现值（元）	5,000.00	5,000.00
4	利率（%）	5.00%	5.00%
5	终值（元）	5,250.00	

图2-1　第1年的终值

第二步，选定C5单元格，输入公式“=FV（C4，2，0，-C3）”，并按下回车键，得到第2年复利终值（5 512.50元），如图2-2所示。

C5　fx　=FV(C4, 2, 0, -C3)

	A	B	C
1	复利终值的计算		
2	年数	第1年	第2年
3	现值（元）	5,000.00	5,000.00
4	利率（%）	5.00%	5.00%
5	终值（元）	5,250.00	5,512.50

图2-2　第2年的终值

2.复利现值的计算

复利现值是指在将来某一特定时间取得或支出一定数额的资金，按复利折算到现在的价值。复利现值是和复利终值相对的概念，是复利终值的逆运算。

复利现值的计算

复利现值的计算公式为：$PV=FV\cdot(1+i)^{-n}=FV\cdot PVIF_{i,n}$

在Excel表格中，可以利用PV函数，按给定利率、期数和每期收支的现金流量计算复利现值或年金现值，即：PV（rate，nper，pmt，fv，type）。

其中：rate为贷款利率；nper为总投资期内该项投资的付款期总数；pmt为各期所应支付的金额，在计算年金时使用，在复利计算过程中可省略为0；fv为未来值，或为最后一次支付后希望得到的现金金额，若省略未来值，则假设为0即可；type用以指定各期的付款时间是在期初还是期末，一般在计算年金时使用。

举例：若你希望5年后获得10 000元本利和，银行存款年利率为5%，要求计算现在应存入银行多少资金。

本例题在Excel中的操作如下：

在Excel表格中输入已知条件，并选取B5单元格，输入公式“=PV（B3，B2，0，-B4）”，并按下回车键，得复利现值，即5年后10 000元的现值（7 835.26元），如图2-3所示。

B5 fx =PV(B3, B2, 0, -B4)

	A	B
1	复利现值的计算	
2	期数（年）	5
3	利率（%）	5.00%
4	5年后终值（元）	10,000.00
5	现值（元）	7,835.26

图2-3 复利现值的计算

3.期数计算

NPER函数是指按给定利率、期数及年金类型等参数值，计算全部年金的总计息期数，即：NPER（rate，pmt，pv，fv，type），其他各参数的说明与FV函数、PV函数的参数一致。

期数计算

举例：某企业现有资金50 000元，拟投资甲方案，甲方案的年投资报酬率为12%，该企业投资甲方案几年后才能得到100 000元的终值？

本例题在Excel中的操作如下：

在Excel表格中输入已知条件，选定B5单元格，输入公式“=NPER（B3，0，-B2，B4）”，并按下回车键，得到甲方案经过6.12年得到100 000元终值，如图2-4所示。

4.利率计算

RATE函数主要是用于计算返回年金的各期利率。由于RATE函数通过迭代法计算得出，因此，可能无解或有多个解，如果在进行20次迭代计算后，RATE函数的相邻两次结果没有收敛于0.0000001，那么RATE函数将返回错误值“#NUM!”。其公式为：RATE（nper，pmt，pv，fv，type，guess）。

利率计算

B5	=NPER(B3, 0, -B2, B4)
A	**B**
期数的计算	
现值（元）	50,000.00
利率（%）	12.00%
终值（元）	100,000.00
年数（年）	6.12

图2-4　期数的计算

举例：某人现在投入资金20 000元购买一个理财产品，每年的回报资金均为1 600元，收益持续时间为25年，求该投资的实际收益率。

本例题在Excel中的操作如下：

在Excel表格中输入已知条件，选定B5单元格，输入公式“=RATE（B3，-B4，B2）”，并按下回车键，得到投资的实际收益率为6.24%，如图2-5所示。

B5	=RATE(B3, -B4, B2)
A	**B**
利率的计算	
现值（元）	20,000.00
期数（年）	25
每年支付的金额（元）	1,600.00
收益率（%）	6.24%

图2-5　利率的计算

第三章

证券估价

第一部分 自测习题

一、名词解释

1. 证券投资
2. 投资组合
3. 债券投资
4. 债券的票面利率
5. 股票投资
6. 非系统性风险
7. 系统性风险

二、单项选择题

1. 在下列投资中，最安全的是（　　）。

A. 商业票据　　B. 金融债券

C. 短期国债　　D. 长期国库券

2. 为了降低通货膨胀带来的购买力下降的风险，更适合作为避险工具的是（　　）。

A. 国库券　　B. 金融债券

C. 普通股　　D. 优先股

3. 面值为1 000元的债券，每半年付息一次，5年后到期，票面利率为8%。如果投资者要求的必要报酬率为10%，那么债券的价值为（　　）元。

A.922.77　　B.956.33

C.929.79　　D.1 084.32

4. 一般认为，企业利用闲置资金进行债券投资的主要目的是（　　）。

A. 控制被投资企业　　B. 牟取投资收益

C. 降低投资风险　　D. 增强资产流动性

5. 若某种证券的β系数等于1，则表示该证券（　　）。

A. 无市场风险

B. 无公司特有风险

C. 与金融市场所有证券平均风险相同

D. 比金融市场所有证券平均风险高一倍

6. 在证券投资中，因通货膨胀带来的风险是（　　）。

A.违约风险　　B.利率风险

C.购买力风险　　D.流动性风险

7.证券发行人无法按期支付利息或偿还本金的风险称为（　　）。

A.违约风险　　B.购买力风险

C.流动性风险　　D.期限性风险

8.某公司准备购买一种预期股利不变的零成长股票，预期该股票的股利为每股2元，该公司要求的最低投资报酬率为10%，目前市场上的实际利率为8%，则该股票的价格在（　　）元以下时，公司才可以购买。

A.25　　B.20

C.30　　D.22

9.当前的无风险利率为4%，整个股票市场的平均报酬率为9%，甲股票的β系数为2，则甲股票的投资人要求的必要报酬率是（　　）。

A.14%　　B.18%

C.13%　　D.8%

10.某公司发行总面额为1 000万元的债券，票面利率为7.5%，偿还期限为4年，每年年末付息一次，若公司要求的报酬率为9%，则该债券价格为（　　）万元时可以购买。

A.900　　B.951.38

C.1 000　　D.750

11.公司增发的普通股市价为12元/股，本年每股发放股利0.6元，已知同类股票的预计收益率为11%，则维持此股价需要的股利年增长率为（　　）。

A.5%　　B.5.39%

C.5.71%　　D.10.23%

12.某股票的未来股利不变，当股票市价低于股票价值时，预期报酬率比投资人要求的最低报酬率（　　）。

A.高　　B.低

C.相等　　D.不确定

13.某企业于2020年4月1日以950元购得面额为1 000元的债券，票面利率为12%，每年付息一次，到期还本，该企业若持有该债券至到期日，其到期收益率（　　）。

A.高于12%　　B.低于12%

C.等于12%　　D.难以确定

14.市场利率和债券期限对债券价值都有较大影响，下列相关表述，不正确的是（　　）。

A.市场利率上升会导致债券价值下降

B.长期债券的价值对市场利率的敏感性小于短期债券

C.债券期限越短，债券票面利率对债券价值的影响越小

D.当债券票面利率与市场利率不同时，债券面值与债券价值存在差异

15.当市场利率上升时，债券价值的变动方向是（　　）。

A.上升　　B.下降

C.不变　　D.随机变化

16.某股票为固定成长股票，年增长率为4%，预计1年后的股利为每股6.5元，现行无风险收益率为11%，市场收益率为16%，该股票的β系数为1.2，那么作为理性的投资者应该等到（　　）。

A.股票市价为55元时进行投资　　B.股票市价为58元时进行投资

C.股票市价为53元时进行投资　　D.股票市价为49元时进行投资

17.公司进行长期债券投资的主要目的是（　　）。

A.获得稳定的收益　　B.改变公司性质

C.调整现金余额　　D.支付银行长期贷款

18.某公司当期每股股利为3.30元，预计未来每年以3%的速度增长，假设投资者的必要收益率为8%，则该公司每股股票的价值为（　　）元。

A.41.25　　B.67.98

C.66　　D.110

19.AB两种股票组成投资组合，二者的β系数分别为0.8和1.6，若组合中两种资产的比例分别是40%和60%，则该组合的β系数为（　　）。

A.1.28　　B.1.5

C.8　　D.1.6

20.在由下列因素引起的风险中，投资者可以通过投资组合予以消减的是（　　）。

A.国家进行税制改革　　B.世界能源状况变化

C.发生经济危机　　D.被投资企业出现新的竞争对手

21.某公司向银行借款1 000万元，年利率为4%，按季度付息，期限为1年，则该借款的实际年利率为（　　）。

A.2.01%　　B.4.00%

C.4.04%　　D.4.06%

22.投资者对某项资产合理要求的最低收益率，称为（　　）。

A.实际收益率　　B.必要收益率

C.预期收益率　　D.无风险收益率

23.证券投资组合不能分散掉所有的证券投资风险，这里不能分散的证券投资风险指的是（　　）。

A.系统风险　　B.非系统风险

C.财务风险　　D.经营风险

24.要求尽量模拟证券市场现状，将尽可能多的证券包括进来，以便分散掉全部可避免的风险的证券投资组合策略是（　　）。

A.适中的投资组合策略　　B.冒险的投资组合策略

C.保守的投资组合策略　　D.以上都不是

25.以折现方式发行债券的估价模型，不涉及的因素有（　　）。

A.债券面值　　B.票面利率

C.市场利率或必要收益率　　D.付息总期数

三、多项选择题

1.关于债券投资，下列说法正确的是（　　）。

A.债券的价值与其面值无关

B.一般而言，债券的期限越长，其利率风险越高

C.短期国库券可视为无风险债券

D.对于分期付息的债券，当其接近到期日时，债券价值则向其面值回归

2.根据资本资产定价模型，影响特定股票预期收益率的因素有（　　）。

A.无风险收益率　　B.平均风险股票的必要收益率

C.特定股票的β系数　　D.财务杠杆系数

3.只有股票的预期报酬率高于投资人要求的最低报酬率，才可以进行投资。投资人要求的最低报酬率可能是（　　）。

A.投资人的机会成本

B.参照债券的收益率加上一定的风险报酬率

C.股票历史上长期的平均收益率

D.市场利率

4.尽管相对于股票投资，债券投资要安全得多，但进行投资前还是必须考虑可能面临的（　　）等风险。

A.利率风险　　B.购买力风险

C.违约风险　　D.再投资风险

5.在资本资产定价模型中，风险与预期报酬率的关系是（　　）。

A.预期报酬率=无风险利率+风险报酬率

B.预期报酬率=无风险利率×系统风险程度

C.预期报酬率=无风险利率+市场风险报酬率

D.预期报酬率=无风险利率+市场风险报酬率×系统风险程度

6.在下列各项中，属于证券资产特点的有（　　）。

A.交易成本高　　B.价值不稳定

C.流动性强　　D.流动性弱

7.根据资本资产定价模型，影响特定股票预期报酬率的因素有（　　）。

A.纯利率　　B.通货膨胀率

C.市场平均的必要报酬率　　D.特定股票的β系数

8.下列因素变动会影响债券到期收益率的有（　　）。

A.债券面值　　B.票面利率

C.市场利率　　D.债券购买价格

9.下列有关债券价值影响的因素表述，正确的有（　　）。

A.对于分期付款的债券，当期限接近到期日时，债券价值向面值靠近

B.债券价值的高低受利息支付方式的影响

C.假设其他条件相同，一般而言债券期限越长，债券价值越大

D.当市场利率上升时，债券价值会下降

10.以下证券投资风险，属于非系统风险的有（　　）。

A.公司高管道德风险　　B.财务风险

C.政治风险　　D.宏观经济风险

11.债券价值由（　　）构成。

A.市场价格　　B.票面利率

C.各期利息现值　　D.票面价值现值

12.估算股票的贴现率，可使用（　　）。

A.股票市场的平均收益率

B.债券收益率加上适当的风险报酬率

C.国库券的利息率加上适当的风险报酬率

D.投资人要求的必要报酬率

13.债券投资的要素有（　　）。

A.市场利率　　B.债券面值

C.债券的票面利率　　D.偿债的到期日

14.债券投资的优点（　　）。

A.本金安全性高　　B.收入比较稳定

C.许多债券都具有较好的流动性　　D.购买力风险比较高

15.单项资产或者投资组合的必要收益率受（　　）的影响。

A.无风险收益率　　B.市场组合的平均收益率

C.β系数　　D.某种资产的特有风险

四、判断题

1.只要债券价值大于市场价格，就值得投资。（　　）

2.对每年付息一次的债券，当其票面利率大于市场利率时，债券的发行价格大于其面值。（　　）

3.债券的价格会随着市场利率的变化而变化。当市场利率上升时，债券价格下降；当市场利率下降时，债券价格上升。（　　）

4.每年付息一次，到期一次还本的债券，当溢价购买时，债券的到期收益率大于票面利率。（　　）

5.β系数实际上是不可分散风险的指数，用于反映个别证券收益的变动相对于市场收益变动的灵敏程度。（　　）

6.当两种证券完全负相关时，在任何情况下都能分散非系统性风险。（　　）

7.如果市场不是完全有效的，那么一项资产的内在价值与市价会在一段时间内不等。（　　）

8.如果风险债券的市场利率不变，那么随着时间向到期日靠近，折价发行债券的价值会随时间的延续而逐渐上升。（　　）

9.在债券估价模型中，折现率实际上就是必要报酬率，折现率越大，债券价值越低。（ ）

10.债券价值的高低受支付方式的影响。（ ）

11.股票是股份公司发给股东的所有权凭证，是股东借以取得股利的一种有价证券。（ ）

12.随着到期时间的缩短，折现率变动对证券价值的影响越来越大。（ ）

13.投资者购进被低估的证券，会使证券价格上升，逐渐回归到其内在价值。（ ）

14.如果企业在发行债券的契约中规定了允许提前偿还的条款，那么当预测年利息率下降时，企业一般会提前赎回债券。（ ）

15.市场上短期国库券利率为5%，通货膨胀补偿率为2%，投资者对某资产合理要求的最低收益率为10%，则该项资产的风险报酬率为3%。（ ）

五、计算题

1.有一种纯贴现债券，其面值为1 000元，20年到期。假设折现率为10%。

要求：计算该债券价值。

2.甲公司有一笔闲置资金，可以进行为期1年的投资，市场上有三种债券可供选择，相关资料如下：

（1）三种债券的面值均为1 000元，到期时间均为5年，到期收益率均为8%。

（2）甲公司计划1年后出售购入的债券，1年后三种债券到期收益率仍为8%。

（3）三种债券票面利率及付息方式不同。A债券为零息债券，到期支付1 000元；B债券的票面利率为8%，每年年末支付80元利息，到期支付1 000元；C债券的票面利率为10%，每年年末支付100元利息，到期支付1 000元。

要求：

（1）计算每种债券当前的价格。

（2）计算每种债券1年后的价格。

3.某公司发行公司债券，面值1 000元，票面利率为10%，期限为5年。已知市场利率为8%。

要求：

（1）债券为按年付息、到期还本，发行价格为1 020元，投资者是否愿意购买？

（2）债券为单利计息、到期一次还本付息债券，发行价格为1 010元，投资者是否愿意购买？

（3）债券为贴现债券，到期归还本金，发行价为700元，投资者是否愿意购买？

4.ABC企业计划进行长期股票投资，企业管理层从股票市场上选择了两种股票：甲公司股票和乙公司股票，ABC企业只准备投资一家公司股票。已知甲公司股票现行市价为每股6元，上年每股股利为0.2元，预计股利以后每年以5%的增长率增长。乙公司股票现行市价为每股8元，每年发放的固定股利为每股0.6元。ABC企业所要求的投资必要报酬率为8%。

要求：

（1）利用股票估价模型，分别计算甲、乙公司股票价值并为该企业作出股票投资决策。

（2）计算如果ABC企业按照当前的市价购入（1）中选择的股票的持有期收益率。

六、案例分析题

评估公司股票价值

王强是一名财务分析师，应邀评估华联商业集团建设新商场对公司股票价值的影响。

（1）公司本年度净收益为200万元，每股支付现金股利2元，新建商场开业后，净收益第1年、第2年均增长15%，第3年增长8%，第4年及以后将保持这一净收益水平。

（2）该公司一直采用固定支付率的股利政策，并打算今后继续实行该政策。

（3）公司的β系数为1，如果将新项目考虑进去，β系数将提高到1.5。

（4）无风险收益率（国库券收益率）为4%，市场要求的收益率为8%。

（5）公司股票目前市价为23.6元/股。

王强打算利用股利贴现模型，同时考虑风险因素进行股票价值的评估。华联商业集团公司的一位董事提出，如果采用股利贴现模型，那么股利越高，股价越高，所以公司应改变原有的股利政策，以提高股利支付率。

要求：请你协助王强研究以下工作：

（1）参考固定股利增长贴现模型，分析这位董事的观点是否正确。

（2）分析股利支付率的提高对可持续增长率和股票的账面价值会产生什么影响。

（3）评估公司股票价值。

第二部分　自测习题参考答案

一、名词解释

1.证券投资

证券投资是以国家或外单位公开发行的有价证券为购买对象的投资行为，它是企业投资的重要组成部分，是企业、个人或其他社会组织买卖有价证券的经济行为。

2.投资组合

当进行投资时，投资者一般并不把其所有资金都投资于一种证券，而是同时持有多种证券。这种同时投资的多种证券称为证券的投资组合，简称证券组合或投资组合。

3.债券投资

债券投资是指企业通过证券市场购买各种债券（如国库券、金融债券、公司债券及短期融资券等）进行的投资。

4.债券的票面利率

债券的票面利率是指债券发行者预计1年内向投资者支付的利息占票面金额的比率。

5.股票投资

股票投资是指股份公司为了筹集自有资金而发行的代表所有权的有价证券，购买股票是企业投资的一种重要形式。

6. 非系统性风险

非系统性风险又称可分散风险或公司特别风险，是指某些因素对单个证券造成经济损失的可能性，是可以分散的风险。

7. 系统性风险

系统性风险又称不可分散风险或市场风险，是指由于某些因素给市场上所有的证券都带来经济损失的可能性。

二、单项选择题

1.C	2.C	3.A	4.B	5.C
6.C	7.A	8.B	9.A	10.B
11.C	12.A	13.A	14.B	15.B
16.D	17.A	18.B	19.A	20.D
21.D	22.B	23.A	24.C	25.B

难点解析：

1. 短期国债又称短期国库券，其收益率通常被看作是无风险报酬率。

2. 普通股股东是企业所有者，企业生产销售产品或提供服务的价格会随通货膨胀的变化而变化，因此，相对于债券、优先股来说，普通股投资能够更好规避通货膨胀风险。

3. $P_b = 1\,000 \times 4\% \times PVIFA_{5\%,10} + 1\,000 \times PVIF_{5\%,10} = 922.77$（元）

8. $2 \div 10\% = 20$（元），题目给出必要报酬率和市场利率，应选用必要报酬率来计算可购买的股票价格，即每股价格低于20元，才能够确保投资该股票获得10%以上的收益率。

11. $\frac{0.6 \times (1+g)}{12} + g = 11\%$，得出g=5.71%。

12. 股票的发行价格950元/股，票面价格1 000元/股，属于折价发行，其票面利率小于贴现率（到期收益率），该股票的票面利率为12%，因此该股票的到期收益率要高于12%。

13. 市场利率即贴现率，贴现率上升，债券价格（现值）下降；债券期限越长，市场利率（贴现率）对债券的影响越大，敏感性越强。

16. 股票收益率 $R_i = 11\% + 1.2 \times 16\% - 11\% = 17\%$

$\frac{6.5}{P} + 4\% = 17\%$，得到股票价格：P=50元/股，即当价格低于50元/股时，可投资买入。

18. $\frac{3.3 \times (1+3\%)}{P} + 3\% = 8\%$，得出：P=67.98元/股

19. 投资组合的β系数=0.8×40%+1.6×60%=1.28

20. 通过投资组合可以分散的风险为可分散风险，又称非系统风险或公司特定风险。被投资企业出现新的竞争对手，仅仅影响被投资企业，由此引起的风险属于公司特定风险，投资者可以通过证券投资组合予以消减；其余三个选项可能会给市场上所有的证券都带来经济损失，由此引起的风险属于系统风险，不能通过投资组合分散掉。

21. 实际利率 $= \left(1+\frac{r}{m}\right)^m - 1 = \left(1+\frac{4\%}{4}\right)^4 - 1 = 4.06\%$

22.必要收益率又称最低必要报酬率或最低要求的收益率，表示投资者对某项资产要求的最低收益率。

23.证券投资组合只补偿系统风险。

25.折现发行债券的估价模型计算公式为V=M·$PVIF_{i,n}$，因此不涉及票面利率。

三、多项选择题

1.BCD	2.ABC	3.ABCD	4.ABCD	5.AD
6.ABC	7.ABCD	8.ABD	9.ABD	10.AB
11.CD	12.ABCD	13.ABCD	14.ABC	15.ABC

难点解析：

1.债券的价值与面值正相关。

2.资本资产定价模型：$R_i = R_f + \beta(R_m - R_f)$

8.债券的价格越低，票面利率越高；债券面值越大，到期收益率越高。市场利率是用来计算债券价格的，不影响债券到期收益率。

14.购买力风险比较高属于债券投资的缺点。

15.单项资产或投资组合的必要收益率：$R_i = R_f + \beta(R_m - R_f)$，所以单项资产或者投资组合的必要收益率受到无风险收益率、市场组合的平均收益率和β系数三个因素的影响。

四、判断题

1.×	2.√	3.√	4.×	5.√
6.√	7.√	8.√	9.√	10.√
11.√	12.×	13.√	14.√	15.×

难点解析：

1.债券是否值得投资，要看债券收益率是否高于投资者的必要报酬率。

4.折价购买债券，其到期收益率才能高于票面利率。

12.随着到期时间的缩短，折现率变动对证券价值的影响越来越小。比如债券期数越少，债券利息影响越小，价格越倾向于本金。

14.当预测年利息率下降时，如果企业提前赎回债券，那么以后再以较低的利率来发行新债券，可以降低利息费用，从而对企业有利。

15.通常用短期国库券的利率表示无风险利率，根据公式：必要报酬率=无风险报酬率+风险报酬率，可知风险报酬率=必要报酬率−无风险报酬率=10%−5%=5%。

五、计算题

1.解：

$PV = 1\,000 \times PVIF_{10\%,20} = 1\,000 \times 0.1486 = 148.6$（元）

2.解：

（1）A债券当前的价格 $= 1\,000 \times PVIF_{8\%,5} = 680.6$（元）

B债券当前的价格 $= 80 \times PVIFA_{8\%,5} + 1\,000 \times PVIF_{8\%,5} = 1\,000$（元）

C债券当前的价格 = $100 \times PVIFA_{8\%,5} + 1\,000 \times PVIF_{8\%,5}$ =1 079.87（元）

（2）A债券1年后的价格 = $1\,000 \times PVIF_{8\%,4}$ =735（元）

B债券1年后的价格 = $80 \times PVIFA_{8\%,4} + 1\,000 \times PVIF_{8\%,4}$ =1 000（元）

C债券1年后的价格 = $100 \times PVIFA_{8\%,4} + 1\,000 \times PVIF_{8\%,4}$ =1 066.21（元）

3.解：

（1）债券价值 = $1\,000 \times 10\% \times PVIFA_{8\%,5} + 1\,000 \times PVIF_{8\%,5}$ =1 079.87（元）

因为债券的价值高于债券的发行价格，所以投资者会购买该债券。

（2）债券价值 = $1\,000 \times (1 + 5 \times 10\%) \times PVIF_{8\%,5}$ =1 020.9（元）

因为债券的价值高于债券的发行价格，所以投资者会购买该债券。

（3）债券价值 = $1\,000 \times PVIF_{8\%,5}$ =680.6（元）

因为债券的价值低于债券的发行价格，所以投资者不会购买该债券。

4.解：

（1）甲公司股票的股利预计每年均以5%的增长率增长，上年每股股利为0.2元，投资者要求必要报酬率为8%，代入长期持有、股利固定增长的股票估值模型。

$$V_{甲} = \frac{D_0(1+g)}{i-g} = \frac{0.2 \times (1+5\%)}{8\% - 5\%} = 7 \text{（元/股）}$$

乙公司每年股利稳定不变，每股股利0.6元，代入长期持有、股利稳定不变的股票估值模型。

$$V_{甲} = \frac{D}{i} = \frac{0.6}{8\%} = 7.5 \text{（元/股）}$$

由于甲公司股票现行市价6元/股，低于投资价值7元/股，因此，ABC企业可以购买甲公司股票；由于乙公司股票现行市价8元/股，高于投资价值7.5元/股，因此，ABC企业不应该购买乙公司股票。

（2）假如ABC企业按照6元/股的价格购入甲公司股票的持有期收益率为i，则有：

$$6 = \frac{0.2 \times (1+5\%)}{i - 5\%}$$

i=8.5%

六、案例分析题

（1）该董事的观点是错误的。在固定股利增长模型中$P = \frac{D_1}{i-g}$，当股利较高时，在其他条件不变的情况下，股票价格的确也会较高。但其他条件不是一成不变的，如果公司提高了股利支付率，增长率g就会下降，那么此时的股票价格不一定会上升。

（2）股利支付率的提高将降低可持续增长率，因为用于再投资企业的资金减少了。股利支付率的提高会减少公司的净资产，从而减少股票的账面价值。

（3）$R_i = R_f + \beta(R_m - R_f)$ =4%+1.5×（8%−4%）=10%

D_0=2（元）

D_1=2×（1+15%）=2.3（元）

D_2=2.3×（1+15%）=2.65（元）

$D_3=2.65\times(1+8\%)=2.86$（元）

第3年年末股票价格 $=\dfrac{D_3}{i}=\dfrac{2.86}{10\%}=28.6$（元）

$$P_0=D_0+D_1\times PVIF_{10\%,1}+D_2\times PVIF_{10\%,2}+\left(\frac{D_3}{i}+D_3\right)\times PVIF_{10\%,3}$$

$$=2+2.3\times0.9091+2.65\times0.8264+(2.86+28.6)\times0.7513$$

$$=29.92\text{（元）}$$

股票价值计算见表3-1所示。

表3-1 **华联商业集团股票估值** 金额单位：元

项目	年份				合计
	0	1	2	3	
每股股利	2	2.3	2.65	2.86	
现值系数（i=10%）		0.9091	0.8264	0.7513	
股利现值	2	2.09	2.19	2.15	8.43
第3年年末股价				28.6	
第3年年末股价现值				21.49	21.49
股票现值					29.92

第三部分 Excel在证券估价中的应用实训

一、实训目的

掌握运用Excel工具测算一般情况下债券的估价，掌握运用Excel测算股利以固定增长率增长情况下的股票估价。

二、实训原理

1.债券估价的公式为：

$$V=\sum_{t=1}^{n}\frac{I}{(1+i)^t}+\frac{M}{(1+i)^n}$$

债券的估价运用PV函数，其公式为：PV（rate，nper，pmt，fv，type）。

2.股票估价要依据公司对股利政策的选择。如果公司选用稳定增长股利政策，那么股票估价的计算公式为：

$$V=\frac{D_0(1+g)}{i-g}=\frac{D_1}{i-g}$$

三、实训内容

1.债券的估价

一般情况下的债券估价是指按复利方式计算债券各期利息的现值及债券到期收回本金的现值，以此来确定债券价格的估价方式。

债券的估价

举例：某公司准备发行丙债券和丁债券，两种债券的面值均为1 000元，期限均为5年，均为每半年付息一次、到期一次还本。丙债券的票面利率为10%，丁债券的票面利率为14%；市场利率为12%，如图3-1所示。

	A	B	C
1	债券资料		
2	项目	丙债券	丁债券
3	债券面值（元）	1,000.00	1,000.00
4	票面利率（%）	10.00%	14.00%
5	期限（年）	5	5
6	每年付息次数（次）	2	2
7	市场利率（%）	12.00%	12.00%

图3-1　债券资料

要求：

（1）两种债券目前的发行价格应该是多少？

（2）债券发行后，随着时间的推移，这两种债券的价格将会产生怎样的变化？

Excel具体操作步骤如下：

第一步，计算在距离债券不同到期时间的前提下的丙债券的价格。在单元格B11中输入公式“=PV（$B$7/$B$6，B10*$B$6，-$B$3*$B$4/$B$6，-$B$3，0）”，$B$7/$B$6表示每期市场利率，B10*$B$6表示期数，“-$B$3*$B$4/$B$6”表示每期的债券利息额，-$B$3表示到期后债券支付的面值，0表示期末支付。输入公式后得到当距离债券到期日5年时，丙债券的价格为926.40元。然后将单元格B11的公式复制到C11至G11，得到距离债券不同到期时间下丙债券的价格，如图3-2所示。

B11　=PV($B$7/$B$6, B10*$B$6, -$B$3*$B$4/$B$6, -$B$3, 0)

	A	B	C	D	E	F	G
1	债券资料						
2	项目	丙债券	丁债券				
3	债券面值（元）	1,000.00	1,000.00				
4	票面利率（%）	10.00%	14.00%				
5	期限（年）	5	5				
6	每年付息次数（次）	2	2				
7	市场利率（%）	12.00%	12.00%				
8							
9	债券价格的计算						
10	距离债券到期时间（年）	5	4	3	2	1	0
11	丙债券的价格（元）	926.40	937.90	950.83	965.35	981.67	1,000.00
12	丁债券的价格（元）						

图3-2　在距离债券不同到期时间的前提下的丙债券价格的计算

第二步，计算在距离债券不同到期时间的前提下的丙债券的价格。在单元格B12中输入公式“=PV（$C$7/$C$6，B10*$C$6，-$C$3*$C$4/$C$6，-$C$3，0）”，$C$7/$C$6表示每期市场利率，B10*$C$6表示期数，“-$C$3*$C$4/$C$6”表示每期的债券利息额，-$C$3表示到期后债券支付的面值，0表示期末支付。输入公式后得到当距离债券到期日5年时，丁债券的价格为1 073.60元。然后将单元格B12的公式复制到C12至G12，得到距离债券不同到期时间下丁债券的价格，如图3-3所示。

B12 fx =PV($C$7/$C$6,B10*$C$6,-$C$3*$C$4/$C$6,-$C$3,0)

	A	B	C	D	E	F	G
1	债券资料						
2	项目	丙债券	丁债券				
3	债券面值（元）	1,000.00	1,000.00				
4	票面利率（%）	10.00%	14.00%				
5	期限（年）	5	5				
6	每年付息次数（次）	2	2				
7	市场利率（%）	12.00%	12.00%				
8							
9	债券价格的计算						
10	距离债券到期时间（年）	5	4	3	2	1	0
11	丙债券的价格（元）	926.40	937.90	950.83	965.35	981.67	1,000.00
12	丁债券的价格（元）	1,073.60	1,062.10	1,049.17	1,034.65	1,018.33	1,000.00

图3-3 在距离债券不同到期时间的前提下的丁债券价格的计算

第三步，插入图表，显示甲、乙两种债券的价格与市场利率之间的关系。选中单元格区域A10：G12，单击功能区“插入”选项卡中“散点图”下的小箭头，然后点击“所有图表类型”，弹出“更改图标类型”对话框，选择“XY（散点图）”的“带平滑线和数据标记的散点图”，点击确定按钮，得到丙、丁两种债券的价格与到期时间之间的关系图，如图3-4所示。

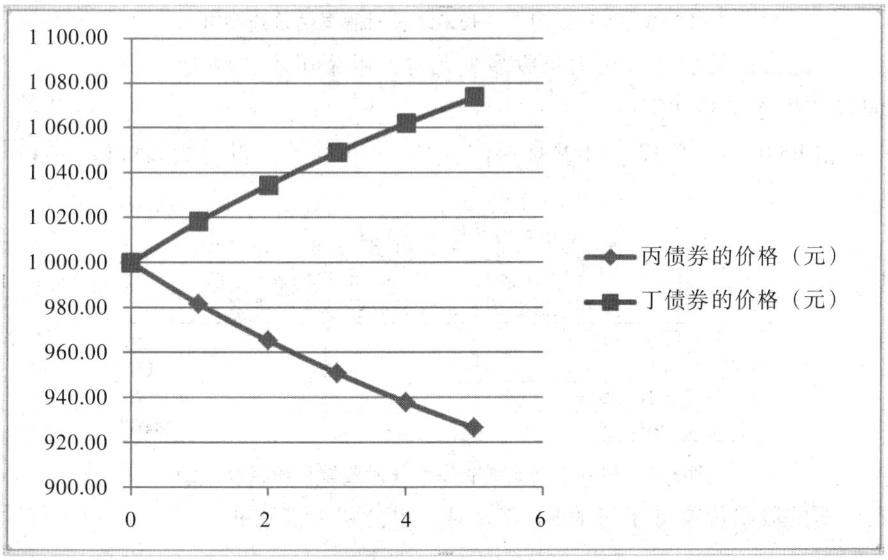

图3-4 丙、丁两种债券的价格与到期时间之间的关系图

从计算结果可以看出，若该公司选择发行丙债券，则应按926.40元的价格折价发行。随着时间的推移，该折价债券的价格会逐步升高，当该债券到期时，其价格与面值相等。若该公司选择发行丁债券，则应按1 073.60元的价格溢价发行。随着时间的推移，该溢价债券的价格会逐步降低，当该债券到期时，其价格也与面值相等。可见，随着时间的推移，无论是溢价发行的债券还是折价发行的债券，二者的价格都有向其债券面值回笼的趋势。

2.股票的估价

股票的估价

股票估价的计算公式表示为：

$$V=\sum_{t=1}^{\infty}\frac{D_t}{(1+i)^t}$$

股票发行公司如果经营状况很好，那么其股利分派一般呈现逐年增长的态势。这种股票的估价就比较困难，只能计算近似数。

假设某公司最近一年的股利为D_0，D_1为第1年的股利，预期股利增长率为g，则：

$$V=\frac{D_0(1+g)}{i-g}=\frac{D_1}{i-g}$$

举例：甲公司准备投资乙公司的股票，该股票去年每股股利为2元，预计以后每年以4%的增长率增长，甲公司经分析后，认为必须得到10%的报酬率，才能购买乙公司的股票，如图3-5所示。

	A	B
1	股利以固定增长率增长时股票估价模型	
2	去年股利（元）	2.00
3	股利增长率（%）	4.00%
4	公司必要报酬率（%）	10.00%
5	股票价格（元）	

图3-5　股利以固定增长率增长时股票估价模型（1）

要求：当乙公司的股票价格为每股多少元时，甲公司才能购买？

Excel具体操作步骤如下：

在单元格B5中输入公式“=B2*（1+B3）/（B4-B3）”，得到股票价格为34.67元，如图3-6所示。

B5　fx　=B2*(1+B3)/(B4-B3)

	A	B
1	股利以固定增长率增长时股票估价模型	
2	去年股利（元）	2.00
3	股利增长率（%）	4.00%
4	公司必要报酬率（%）	10.00%
5	股票价格（元）	34.67

图3-6　股利以固定增长率增长时股票估价模型（2）

当乙公司的股票价格低于每股34.67元时，甲公司才能购买。

第四章

筹资管理

第一部分 自测习题

一、名词解释

1.吸收直接投资

2.权益性筹资

3.债务性筹资

4.混合型筹资

5.普通股

6.优先股

7.授信额度

8.周转授信协议

9.浮动利率债券

10.可转换债券

11.认股权证

12.融资租赁

13.售后租回

14.杠杆租赁

二、单项选择题

1.当一些债务即将到期时，企业虽然有足够的偿债能力，但为了保持现有的资本结构，仍然举借新债来还旧债。这种筹资的动机属于（　　）。

A.扩张性筹资动机

B.混合性筹资动机

C.调整型筹资动机

D.创立性筹资动机

2.按照资金的来源渠道不同可将筹资分为（　　）。

A.内部筹资和外部筹资

B.直接筹资和间接筹资

C.权益筹资和负债筹资

D.表内筹资和表外筹资

3.下列不属于吸收直接投资方式的是（　　）。

A.吸收国家投资　　B.吸收法人投资

C.吸收社会公众投资　　D.融资租赁

4.按资本属性的不同，可将筹资分为（　　）。

A.直接筹资和间接筹资

B.内部筹资和外部筹资

C.权益性筹资、债务性筹资和混合性筹资

D.短期筹资和长期筹资

5.我国目前各类企业最为重要的资金来源是（　　）。

A.银行信贷资金　　B.国家财政资金

C.其他企业资金　　D.企业自留资金

6.下列各项，不属于吸收直接投资优点的是（　　）。

A.有利于增强企业信誉

B.有利于尽快形成生产能力

C.资本成本较低

D.有利于降低财务风险

7.普通股和优先股筹资方式共有的缺点包括（　　）。

A.财务风险高　　B.筹资成本高

C.容易分散控制权　　D.筹资限制多

8.认股权证的特点不包括（　　）。

A.在认股之前持有人对发行公司拥有股权

B.它是一种买入期权

C.在认股之前持有人对发行公司拥有股票认购权

D.认股权证具有价值和市场价格

9.与发行债务筹资相比，发行普通股股票筹资的优点是（　　）。

A.可以稳定公司的控制权　　B.可以降低资本成本

C.可以利用财务杠杆　　D.可以形成稳定的资本基础

10.某公司发行认股权证筹资，每张认股权证可按10元/股的价格认购2股普通股，假设股票的市价是12元/股，则每张认股权证的理论价值是（　　）元。

A.10　　B.14

C.5　　D.4

11.某企业与银行商定的周转信贷额为800万元，年利率为2%，承诺费率为0.5%，年度内企业使用了500万元，平均使用10个月，则企业本年度应向银行支付的承诺费为（　　）万元。

A.6.83　　B.0.42

C.1.92　　D.1.50

12.某企业向银行借款100万元，企业要求按照借款总额的10%保留补偿性余额，并要求按照贴现法支付利息，借款的利率为6%，则借款实际利率为（　　）。

A.7.14%　　B.6.67%

C.6.38%　　D.7.28%

13.与其他负债资金筹集方式相比，下列各项属于融资租赁缺点的是（　　）。

A.资本成本较高　　B.限制条件较多

C.税收负担重　　D.筹资速度慢

14.下列各种筹资方式，最有利于降低公司财务风险的是（　　）。

A.发行普通股　　B.发行优先股

C.发行公司债券　　D.发行可转换债券

15.政府财政资本通常只有（　　）才能利用。

A.外资企业　　B.民营企业

C.国有独资或国有控股企业　　D.非营利组织

16.企业外部筹资的方式有很多，但不包括的是（　　）。

A.投入资本筹资　　B.企业利润再投入

C.发行股票筹资　　D.长期借款筹资

17.下列关于留存收益筹资的表述，错误的是（　　）。

A.留存收益筹资可以维持公司的控制权结构

B.留存收益筹资不会发生筹资费用，因此没有资本成本

C.留存收益来源于提取的盈余公积和留存于企业的利润

D.留存收益筹资有企业的主动选择，也有法律的强制要求

18.企业向租赁公司租入一台设备，价值500万元，合同约定当租赁期满时设备残值5万元归租赁公司所有，租期为5年，租赁费率为12%，若采用后付租金的方式，则平均每年支付的租金为（　　）万元。

A.123.8　　B.138.7

C.137.92　　D.108.6

19.无记名股票不记载的内容是（　　）。

A.股票数量　　B.编号

C.发行日期　　D.股东的姓名或名称

20.下列各种筹资方式，筹资限制条件相对最少的是（　　）。

A.融资租赁　　B.发行股票

C.发行债券　　D.发行短期融资券

21.借款合同所规定的保证人，当借款方不履行偿付义务时，负有（　　）的责任。

A.监督借贷双方严格遵守合同条款

B.催促借款方偿付

C.连带偿付本息

D.以上都不对

22.下列各项，不属于融资租赁租金构成内容的是（　　）。

A.设备原价　　B.租赁手续费

C.租赁设备的维护费用

D.垫付设备价款的利息

23.融资租赁又称财务租赁，有时也称资本租赁。下列不属于融资租赁范围的是（　　）。

A.根据协议，企业将某项资产卖给出租人，再将其租回使用

B.由租赁公司融资融物，由企业租入使用

C.租赁期满，租赁物一般归还给出租者

D.在租赁期间，出租人一般不提供维修设备的服务

24.下列各种筹资方式，企业无须支付资金占用费的是（　　）。

A.发行债券

B.发行优先股

C.发行短期票据

D.发行认股权证

25.某公司发行可转换债券，每张面值为1 000元，转换比率为20，则该可转换债券的转换价格为（　　）元/股。

A.20

B.50

C.30

D.25

26.某公司2022年销售额为5 000万元，预测2023年销售额较2022年增加1 000万元，该企业的资产销售百分比为60%，敏感负债销售百分比为30%，销售净利率为9.6%，留存收益比率为50%，则该企业2023年的外部融资需求预测为（　　）万元。

A.12

B.300

C.252

D.28

27.企业在创立时首先选择的筹资方式是（　　）。

A.融资租赁

B.向银行借款

C.吸收直接投资

D.发行企业债券

28.假定甲企业的信用等级高于乙企业，则下列表述正确的是（　　）。

A.甲企业的筹资成本比乙企业高

B.甲企业的筹资能力比乙企业强

C.甲企业的债务负担比乙企业重

D.甲企业的筹资风险比乙企业高

29.由出租人向承租人提供租赁设备，并提供设备维修保养和人员培训等的服务性业务，这种租赁形式属于（　　）。

A.融资租赁

B.经营租赁

C.直接租赁

D.资本租赁

30.筹集股权资本是企业筹集（　　）的一种重要方式。

A.长期资本

B.短期资本

C.债权资本

D.营运资金

三、多项选择题

1.筹资的动机有（　　）。

A.并购性筹资动机

B.扩张性筹资动机

C.调整性筹资动机

D.混合性筹资动机

2.下列（　　）属于企业自留资金。

A.法定公积金　　B.任意公积金

C.资本公积金　　D.未分配利润

3.企业进行筹资需要遵循的基本原则包括（　　）。

A.效益性原则　　B.合理性原则

C.及时性原则　　D.合法性原则

4.与发行债券相比，下列各项，属于银行借款筹资特点的有（　　）。

A.资本成本较高　　B.一次筹资数额较大

C.筹资速度较快　　D.募集资金使用限制较多

5.普通股股东的权利包括（　　）。

A.投票权　　B.查账权

C.出让股份权　　D.优先分配剩余财产权

6.除货币资金出资外，下列属于吸收直接投资的出资方式的有（　　）。

A.以实物资产出资　　B.以土地使用权出资

C.以土地产权出资　　D.以特定债券出资

7.下列各项，属于留存收益筹资方式特点的有（　　）。

A.筹资数额有限　　B.不存在资本成本

C.不发生筹资费用　　D.改变控制权结构

8.银行借款筹资的优点包括（　　）。

A.筹资速度快　　B.筹资成本低

C.限制条款少　　D.借款弹性好

9.债券与股票的区别在于（　　）。

A.债券是债务凭证，股票是所有权凭证

B.债券的投资风险高，股票的投资风险低

C.债券的收入一般是固定的，股票的收入一般是不固定的

D.股票在公司剩余财产分配中优先于债券

10.按照有无抵押担保可将债券分为（　　）。

A.收益债券　　B.信用债券

C.抵押债券　　D.可转换债券

11.优先股股东相比较普通股股东的优先权利体现在（　　）。

A.优先分配股利权　　B.优先分配剩余财产权

C.优先认股权　　D.优先管理权

12.投资者进行投资的形式可以是（　　）。

A.现金　　B.有价证券

C.固定资产　　D.无形资产

13.下列（　　）表述符合股票的含义。

A.股票是有价证券　　B.股票是书面凭证

C.股票是债权凭证　　D.股票是所有权凭证

14.股票按发行对象和上市地区的不同，可以分为（　）。

A.A股　　B.B股

C.N股　　D.H股

15.普通股的特点包括（　）。

A.普通股股东享有公司的经营管理权

B.当公司解散清算时，普通股股东对公司剩余财产的请求权位于优先股股东之后

C.普通股股利分配在优先股股利分配之后进行，并依据公司盈利情况而定

D.当公司增发新股时，普通股股东具有认购优先权，可以优先认购公司所发行的股票

16.我国《公司法》等法规规定了股票发行定价的原则要求，主要有（　）。

A.同次发行的股票，每股发行价格应该相同

B.任何单位或个人所认购的股份，每股应当支付相同的价款

C.股票发行价格可以按票面金额，也可以超过票面金额，但不得低于票面金额

D.发行股票的企业都可以自行决定发行价格

17.下列属于发行债券的要素的是（　）。

A.债券面额　　B.票面利率

C.市场利率　　D.债券期限

18.与股票相比，债券具有以下（　）特点。

A.债券代表一种债权关系　　B.债券的求偿权优先于股票

C.债券投资的风险低于股票　　D.可转换债券按规定可转换为股票

19.股票上市的好处包括（　）。

A.利用股票收购其他公司　　B.利用股票可激励职员

C.提高公司知名度　　D.增强经理人员操作的自由度

20.筹集投入资本的具体形式有（　）。

A.吸收外商投资　　B.吸收国家投资

C.吸收法人投资　　D.吸收个人投资

四、判断题

1.调整性筹资动机是指企业因调整公司业务所产生的筹资动机。（　）

2.优先认股权是优先股股东的优先权。（　）

3.可转换优先股对股东是有利的，可赎回优先股对公司也是有利的。（　）

4.认股权证不能为企业筹集额外的现金。（　）

5.信贷额度是指银行从法律上承诺向企业提供不超过某一最高限额的贷款协定。（　）

6.抵押借款由于有抵押品担保，因此其资本成本往往较非抵押借款低。（　）

7.发行认股权证是上市公司的一种特殊筹资手段，其主要功能就是辅助公司的股权性筹资，但不可以直接筹措现金。（　）

8.企业发行浮动利率债券的目的是应对通货膨胀。（　）

9.可转换债券的利率一般低于普通债券。 ( )

10.杠杆租赁中的出租人也是借款人，他既收取租金又偿付债务，从这个角度看，杠杆租赁与直接租赁是不同的。 ( )

11.可转换债券的回售条款对于投资者而言实际上是一种买权，有利于降低投资者的持券风险。 ( )

12.在我国，非银行金融机构主要有租赁公司、保险公司、企业集团的财务公司以及信托公司、债券公司。 ( )

13.在改革开放的条件下，境外投资者持有的资本，亦可加以吸收，从而形成企业的筹资渠道。 ( )

14.在融资租赁方式下，租赁期满，设备必须作价转让给承租人。 ( )

15.筹集投入资本是非股份制企业筹措自有资本的一种基本形式。 ( )

16.对于股东而言，优先股比普通股有更优厚的回报，有更大的吸引力。 ( )

17.B股是指专门供境外投资者买卖的，以人民币标明面值但以外币认购和交易的股票。 ( )

18.在我国，股票发行价格既可以按票面金额确定，又可以按超过票面金额或低于票面金额的价格确定。 ( )

19.股票发行价格如果过低，可能会提升投资者的风险，从而提升承销机构的发行风险和发行难度，抑制投资者的认购热情。 ( )

20.借款合同应依法签订，它属于商业合约，不具有法律约束力。 ( )

21.在一般情况下，长期借款无论是资本成本还是筹资费用都较股票、债券低。

( )

22.发行公司债券所筹集到的资金，公司不得随心所欲地使用，必须按审批机关批准的用途使用，不得用于弥补亏损和非生产性支出。 ( )

23.当其他条件相同时，债券期限越长，债券的发行价格就可能越低；反之，可能越高。 ( )

24.一般来说，债券的市场利率越高，债券的发行价格越低；反之，可能越高。 ( )

25.一般来说，债券的票面利率越高，债券的发行价格越低；反之，可能越高。 ( )

26.债券的发行价格与股票的发行价格一样，只允许等价和溢价发行，不允许折价发行。 ( )

27.融资租赁实际上就是租赁公司筹资购物，由承租企业租入并支付租金。 ( )

28.优先股和可转换债券既有债务筹资性质，又有权益筹资性质。 ( )

29.企业在初创期通常采用外部筹资，而在成长期通常采用内部筹资。 ( )

30.某投资者进行间接投资，与其交易的筹资者是在进行直接筹资；某投资者进行直接投资，与其交易的筹资者是在进行间接筹资。 ( )

五、计算题

1.光华公司2021年12月31日的资产负债表（简表）见表4-1。假定光华公司2021年销售额为10 000万元，销售净利率为10%，利润留存率为40%。2022年销售额预计增长

20%，公司有足够的生产能力，无须追加固定资产投资。

表4-1 资产负债表（简表）

2021年12月31日 单位：万元

资产	期末余额	与销售的关系	负债及所有者权益	期末余额	与销售的关系
货币资金	500	5%	短期借款	1 900	N
应收票据	1 000	N	应付票据	600	N
应收账款	1 500	15%	应付账款	1 000	10%
存货	3 000	30%	其他应付款	500	5%
固定资产	2 000	N	应付债券	1 000	N
			负债合计	5 000	N
			实收资本	2 000	N
			留存收益	1 000	N
			所有者权益合计	3 000	N
资产总计	8 000	50%	负债及所有者权益总计	8 000	15%

要求：

（1）确定企业增加的资金需求量。

（2）确定企业外部融资需求量。

2. 黄河公司需要筹集990万元资金，使用期为5年，筹资方案如下：

委托大华证券公司公开发行债券，债券面值为1 000元，承销差价（支付大华证券公司的发行费用）每张票据是51.61元，票面利率为14%，每年付息一次，5年到期一次还本。发行价格根据当时的预期市场利率确定。假定当时的预期市场利率为10%，不考虑所得税的影响。

要求：

（1）计算该方案的债券发行价格。

（2）黄河公司为筹集到所需资金，需要发行多少张债券。

3. 某公司2023年预计销售收入为50 000万元，预计销售净利率为10%，股利支付率为60%。

要求：测算该公司2023年内部资金来源的金额。

4. 已知：某公司2021年的销售收入为20 000万元，2021年12月31日的资产负债表（简表）见表4-2。

该公司计划2022年销售收入比上年增长20%，为实现这一目标，公司需新增设备一台，需要支出320万元资金。据历年财务数据分析，公司流动资产与流动负债随销售额同比率增减。假定该公司2022年的销售净利率可达到10%，净利润的60%分配给投资者。

要求：

（1）计算2022年流动资产增加额；

（2）计算2022年流动负债增加额；

（3）计算2022年公司需增加的营运资金；

表4-2 资产负债表（简表）

2021年12月31日 单位：万元

资产	期末余额	负债及所有者权益	期末余额
货币资金	1 000	应付账款	3 000
应收账款	3 000	长期借款	9 000
存货	6 000	负债合计	12 000
固定资产	7 000	实收资本	4 000
无形资产	1 000	留存收益	2 000
		所有者权益合计	6 000
资产总计	18 000	负债及所有者权益总计	18 000

（4）计算2022年的留存收益；

（5）预测2022年需要对外筹集的资金量。

六、案例分析题

蓝天航空公司筹资案例

蓝天航空公司于2015年实行杠杆式收购后，负债比率一直居高不下。直至2015年年底，公司的负债比率仍然很高，有近15亿元的债务将于2020年到期。

为此，需要采用适当的筹资方式追加筹资，以降低负债比率。2019年年初，公司董事长和总经理正在研究公司有关筹资方式的选择问题。董事长和总经理两人都是主要持股人，也都是财务专家。他们考虑了包括增发普通股等筹资方式，并开始向投资银行进行咨询。

起初，投资银行认为，可按每股20元的价格增发普通股。但经分析得知，这是不切实际的，因为投资者对公司有关机票打折策略和现役机龄老化等问题顾虑重重，如此高价位增发普通股，成功概率不高。最后，投资银行建议，公司可按每股13元的价格增发普通股2 000万股，以提高股权资本比例，降低负债比例，从而改善财务状况。

蓝天航空公司2019年年底和2020年年初增发普通股后（如果接受投资银行的咨询建议）筹资方式组合见表4-3。

表4-3 蓝天航空公司长期筹资方式情况表

长期筹资方式	2019年年末实际数		2020年年初估计数	
	金额（亿元）	百分比（%）	金额（亿元）	百分比（%）
长期债券	49.66	70.9	48.63	68.1
融资租赁	2.45	3.5	2.45	3.4
优先股	6.51	9.3	6.51	9.1
普通股	11.43	16.3	13.86	19.4
总计	70.05	100	71.45	100

要求：假如你是蓝天航空公司的财务总监（CFO）：

（1）请你分析普通股筹资方式的优缺点。

（2）你如何评价投资银行对公司的咨询建议？

（3）你将对公司提出怎样的筹资方式建议？

第二部分 自测习题参考答案

一、名词解释

1.吸收直接投资

吸收直接投资是指企业以协议形式筹集政府、法人、自然人等直接投入的资本，从而形成企业投入资本的一种筹资方式。

2.权益性筹资

权益性筹资形成企业的股权资本，又称股权性筹资，是指企业依法取得并长期拥有、可自主调配运用的资本。

3.债务性筹资

债务性筹资形成企业的债务资本，是指企业依法取得并依约运用、按期偿还的资本。

4.混合型筹资

混合型筹资是指兼具权益性筹资和债务性筹资双重属性的长期筹资类型，主要包括发行优先股筹资、发行可转换债券筹资和认股权证筹资三种方式。

5.普通股

普通股是指公司发行的，代表股东享有平等的权利、义务，不加特别限制，股利不固定的股票。普通股是最基本的股票。

6.优先股

优先股是指公司发行的，具有优先于普通股股东分取股利和公司剩余财产的权利的股票。

7.授信额度

授信额度是指借款企业与银行间根据正式或非正式协议规定的企业借款的最高限额。通常在授信额度内，企业可随时按需要向银行申请借款。

8.周转授信协议

周转授信协议是一种经常为大公司使用的正式授信额度。与一般授信额度不同，银行对周转信用额度负有法律义务，并因此向企业收取一定的承诺费用，一般按企业使用的授信额度的一定比率（约0.2%）计算。

9.浮动利率债券

浮动利率债券是指利率在债券发行之初不固定，而是根据有关利率（如银行存贷款利率等）加以确定的一种债券。

10.可转换债券

可转换债券是指由公司发行并规定债券持有人在一定时期内按约定的条件可将其转化

为发行公司普通股的债券。

11.认股权证

认股权证是指由股份有限公司发行的可认购其股票的一种买入股权。它赋予持有者在一定期限内以事先约定的价格购买发行公司一定股份的权利。

12.融资租赁

融资租赁又称资本租赁、财务租赁，是指由租赁公司按照承租企业的要求购买设备，并在契约或合同规定的较长期限内提供给承租企业使用的信用性业务。

13.售后租回

售后租回是指制造企业按照协议先将其资产卖给租赁公司，再作为承租企业将所售资产租回使用，并按期向租赁公司支付租金。采用这种租赁形式，承租企业因出售资产而获得了一笔现金，同时因将其租回而保留了资产的使用权。

14.杠杆租赁

杠杆租赁是国际上比较流行的一种融资租赁形式，一般涉及承租人、出租人和贷款人三方当事人。从承租人的角度来看，它与其他融资租赁形式并无区别，同样是按合同的规定，在租期内获得资产的使用权，并按期支付租金。但对出租人却不同，出租人只垫支购买资产所需现金的一部分，其余部分则使用以该资产为担保向贷款人所借的款项支付。

二、单项选择题

1.C	2.A	3.D	4.C	5.A
6.C	7.B	8.A	9.D	10.D
11.C	12.A	13.A	14.A	15.C
16.B	17.B	18.C	19.D	20.A
21.C	22.C	23.C	24.D	25.B
26.A	27.C	28.B	29.B	30.A

难点解析：

1.调整性筹资动机，是指企业因调整资金结构而产生的筹资动机。当一些债务即将到期时，企业虽然有足够的偿债能力，但为了保持现有的资本结构，仍然举借新债来还旧债。这是为了调整资本结构，所以本题正确答案是选项C。

2.按照资金来源渠道不同，可将筹资分为内部筹资（从企业内部筹集资金，如留存收益）、外部筹资（从企业外部筹集资金，如长期借款）。

3.融资租赁属于混合型筹资。

5.银行对企业发放的各种贷款是我国目前各类企业最为重要的资金来源。

6.吸收直接投资的优点包括：有利于增强企业信誉；有利于尽快形成生产能力；有利于降低财务风险。资本成本较高和容易分散控制权是这种筹资方式的缺点，所以本题选择C。

7.普通股筹资的缺点是：筹资成本高；容易分散控制权。优先股筹资的缺点是：筹资成本高；筹资限制多；财务负担重。因此，二者共有的缺点是筹资成本高。

8. 认股权证是由股份有限公司发行的可认购其股票的一种买入期权。在认股之前，认股权证的持有人对发行公司不拥有股权。

10. 该认股权证的认股价格为10元/股，认股股数为2股，股票市价为12元/股，因此，（12−10）×2=4（元/张），每张认股权证理论价值为4元。

11. $300\times0.5\%+500\times\frac{2}{12}\times0.5\%$ =1.92（万元）

12. $\frac{6\%}{1-6\%-10\%}\times100\%=7.14\%$

13. 融资租赁的优点是：筹资速度快；限制条款少；设备淘汰风险低；财务风险低；税收负担轻。融资租赁最主要的缺点就是资本成本较高。

18. $\frac{500-5\times PVIF_{12\%,5}}{PVIFA_{12\%,5}}=\frac{500-5\times0.5674}{3.6048}$ =137.92（万元）

26. 2023年企业资金需要总额=1 000×（60%−30%）=300（万元）

2023年外部融资额=300−（5 000+1 000）×9.6%×50%=12（万元）

27. 一般来说，在企业初创阶段，产品市场占有率低，产销业务量小，经营杠杆系数大，此时企业筹资主要依靠权益资本。本题只有选项C属于权益筹资。

28. 甲企业的信用等级高于乙企业，说明甲企业的信誉好，违约风险低，筹资能力比乙企业强。

30. 股权资本属于长期资本。

三、多项选择题

1.BCD	2.ABD	3.ABCD	4.CD	5.ABC
6.ABCD	7.AC	8.ABD	9.AC	10.BC
11.AB	12.ACD	13.ABD	14.ABCD	15.ABCD
16.ABC	17.ABCD	18.ABCD	19.ABC	20.ABCD

难点解析：

1. 企业筹资的动机包括扩张性筹资动机、调整性筹资动机、混合性筹资动机。

2. 资本公积金是指企业在经营过程中由于接受捐赠、股本溢价以及法定财产重估增值等原因所形成的公积金。资本公积金不属于企业自留资金。企业自留资金是指留存收益，包括盈余公积和未分配利润。盈余公积包括法定盈余公积和任意盈余公积。

3. 企业筹资的基本原则包括：合法性原则、效益性原则、合理性原则、及时性原则。

5. 普通股股东的权利包括：对公司的管理权、盈余分享权、出售或转让股份权、优先认股权、剩余财产要求权。其中，普通股股东的管理权主要表现为：投票权、查账权和阻止越权的权利。

6. 吸收直接投资的出资方式可以是现金投资，也可以是非现金投资。非现金投资主要包括两种形式：一是材料、燃料、产品、房屋建筑物、机器设备等实物资产投资；二是专利权、非专利技术、商标权、土地使用权等无形资产投资。选项D特定债权出资，是指企业依法发行的可转换债券以及按照国家有关规定可以转作股权的债权，它可以作为吸收直接投资的出资方式。

8.银行借款筹资的优点包括：筹资速度快；筹资成本低；借款弹性好。银行借款筹资的缺点包括：财务风险高、限制条款多、筹资数额有限。

9.债券与股票的区别在于：①债券是债务凭证，股票是所有权凭证；②债券的收入一般是固定的，股票的收入一般是不固定的；③债券的投资风险低，股票的投资风险高；④债券到期必须还本付息，股票一般不退还股本；⑤债券在公司剩余财产分配中优先于股票。

10.公司债券按有无抵押担保分类，可分为抵押债券与信用债券。

11.优先股的特征包括：优先分配固定的股利；优先分配公司剩余财产。

12.参考第6题解析。投入资本筹资的出资方式包括：以货币资产出资、以实物资产出资、以工业产权出资、以土地使用权出资、以特定债权出资。不包括有价证券。

13.股票是股份公司发行的所有权凭证，是股份公司为筹集资金而发行给各个股东作为持股凭证并借以取得股息和红利的一种有价证券。

14.股票按发行对象和上市地区分类，可分为A股、B股、H股、N股和S股。

16.《公司法》等法规规定了股票发行定价的原则要求，主要有：同次发行的股票，每股发行价格应当相同；任何单位或个人所认购的股份，每股应当支付相同的价款；股票发行价格可以等于票面金额，也可以超过票面金额，但不得低于票面金额。以超过票面金额的价格发行股票的，需经国务院证券管理部门的批准。

17.发行债券的要素包括：债券面额、票面利率、市场利率、债券期限。

19.股票上市的好处包括：有助于改善财务状况；利用股票收购其他公司；利用股票市场客观评价企业；利用股票可激励职员；提高公司知名度，吸引更多顾客。股票上市的不利影响包括：使公司失去隐私权；限制经理人员操作的自由度；公开上市需要很高的费用。

20.投资资本筹集的来源包括：吸收国家直接投资、吸收法人投资、吸收个人投资以及吸收外商投资。

四、判断题

1.×	2.×	3.√	4.×	5.×
6.×	7.×	8.√	9.√	10.√
11.×	12.√	13.√	14.×	15.√
16.×	17.×	18.×	19.×	20.×
21.√	22.√	23.√	24.√	25.×
26.×	27.√	28.√	29.×	30.×

难点解析：

1.调整性筹资动机是指企业因调整现有资本结构而产生的筹资动机。

2.优先认股权是普通股股东的优先权。

4.认股权证的作用有两方面：①为公司筹集额外的现金，认股权证不论单独发行还是附带发行，都能为公司额外筹集一笔现金。②促进其他筹资方式的运用。

5.周转授信协议是指银行从法律上承诺向企业提供不超过某一最高限额的贷款协定。

6.企业信誉不高时的违约风险较高，因此，其资本成本往往较非抵押贷款借款高。

7.发行认股权证可以直接筹措现金。

9.可转换债券的利率一般低于普通债券，因为其持有人有一种特殊的选择权。

10.杠杆租赁中的出租人同时又是借款人，其同时拥有对资产的所有权，既收取租金又要偿付债务，而在直接租赁中的出租人并不需要偿付债务。

11.回售条款是指债券持有人有权按照事先约定的价格将债券卖回给发债公司的条件规定。回售对于投资者而言实际上是一种卖权，有利于降低投资者的持券风险。

14.在融资租赁方式下，租赁期满，设备往往由承租人买下，但不是要求必须作价转让给承租人。

16.优先股股利是固定的，不会比普通股获得更优厚的回报。

17.B股不仅供外国投资者，以及我国港、澳、台地区的投资者买卖，而且从2001年2月起，我国境内个人投资者也可以买卖B股。

18.在我国，股票发行价格可以按票面金额确定，也可以超过票面金额确定发行价格，但不可以低于票面金额确定发行价格。

20.借款合同具有法律约束力。

25.债券的票面利率越高，债券价格越高。

26.债券可以溢价、平价、折价发行。

29.处于成长期的企业，内部筹资往往难以满足需要。这就需要企业广泛地开展外部筹资，如发行股票、债券、取得商业信用等。

30.直接筹资是指企业不借助银行等金融机构，直接与资本所有者协商，融通资本的一种筹资活动。直接筹资主要有投入资本筹资（吸收直接投资）、发行股票、发行债券和商业信用等筹资方式。间接融资是指以货币为主要金融工具，通过银行体系吸收社会存款，再对企业、个人进行贷款的一种融资机制。这种以银行金融机构为中介进行的融资活动场所即为间接融资市场，主要包括中长期银行信贷市场、保险市场、融资租赁市场等。

五、计算题

1.解：

（1）增加的资金需求量=50%×2 000-15%×2 000=700（万元）

（2）外部融资需求量=50%×2 000-15%×2 000-10 000×（1+20%）×10%×40%

=220（万元）

2.解：

（1）$P_b = 1\,000 \times 14\% \times PVIFA_{10\%,5} + 1\,000 \times PVIF_{10\%,5}$

$=140\times3.7908+1\,000\times0.6209$

$=1\,151.61$（元）

（2）发行债券的张数=9 900 000÷（1 151.61−51.61）=9 000（张）

3.解：

预计内部资金来源=预计销售收入×预计销售净利率×（1−股利支付率）

=50 000×10%×（1−60%）

=2 000（万元）

4.解：

（1）流动资产增长率为20%。

2021年年末的流动资产=1 000+3 000+6 000=10 000（万元）

2022年流动资产增加额=10 000×20%=2 000（万元）

（2）流动负债增长率为20%。

2022年流动负债增加额=3 000×20%=600（万元）

（3）2022年公司需增加的营运资金=流动资产增加额−流动负债增加额

=2 000−600=1 400（万元）

（4）2022年的销售收入=20 000×（1+20%）=24 000（万元）

2022年的净利润=24 000×10%=2 400（万元）

2022年的留存收益=2 400×（1−60%）=960（万元）

（5）2022年需要对外筹集的资金量=1 400+320−960=760（万元）

六、案例分析题

（1）一般来讲，普通股筹资具有以下优点：

①普通股筹资没有固定的股利负担。公司有盈利，并认为适合分配股利，就可以分给股东；公司盈利较少，或虽有盈利但资本短缺，或有更有利的投资机会，也可以少支付或者不支付股利。而债券或借款的利息无论企业是否盈利及盈利多少，都必须予以支付。

②普通股股本没有规定的到期日，无须偿还，它是公司的“永久性资本”，只有当公司清算时才予以清偿。这对于保证公司对资本的最低需要额、促进公司长期持续稳定经营具有重要作用。

③利用普通股筹资的风险低。由于普通股股本没有固定的到期日，因此，一般也不用支付固定的股利，从而不存在还本付息的风险。

④发行普通股筹集股权资本能提升公司的信誉。普通股股本以及由此产生的资本公积金和盈余公积金等，是公司筹措债务资本的基础。较多的股权资本有利于提高公司的信用价值，同时也为利用更多的债务资本筹资提供强有力的支持。

普通股筹资也可能存在以下缺点：

①资本成本较高。一般而言，普通股筹资的成本要高于债务资本。这主要是因为投资于普通股风险较高，相应要求较高的报酬，并且股利应从税后利润中支付，而债务筹资方式的债权人风险较低，支付利息允许在税前扣除。此外，普通股发行成本也较高，一般来说，发行证券费用最高的是普通股，其次是优先股，再次是公司债券，最后是长期借款。

②利用普通股筹资，出售新股票，增加新股东，一方面，可能会分散公司的控制权；另一方面，新股东对公司已积累的盈余享有分享权，从而会降低普通股的每股收益，可能

引发普通股股价的下跌。

③如果以后增发普通股，可能会引起股票价格的波动。

（2）主要有三方面的评价。

①投资银行对公司的咨询建议具备现实性和可操作性。投资银行分析了关于公司机票打折策略和现役机龄老化等现实问题，认为公司原先提出的高价位发行股票的做法不切实际，所以投资银行建议较低价位发行股票是比较合适的，具备可操作性和现实性，也容易取得成功。

②投资银行的咨询建议的实际效果比较有限。表4-3中的增发股票前后的数据，可以明显看出：本方案的筹资效果很有限。增发前，公司的负债比例高达74.4%，在增发股票后仅降低2.9个百分点，依然在70%以上。公司在增发股票过程中仅获取了2.43亿元的资金，这对将于2020年到期的15亿元的债务而言依然是杯水车薪。所以，本方案实施后取得的效果可能极其有限，并不能从根本上改善公司的财务困境。

③投资银行的咨询建议提出的筹资方式过于单一。企业的筹资方式从大方向来讲，可分为股权性筹资和债务性筹资，如果进一步细化，还会有更多的筹资方式和方法。而投资银行的咨询建议仅仅考虑了普通股筹资这一种最常见的方式，并没有多方面考虑其他筹资方式，这样很难取得最优的筹资效果。

（3）针对公司目前负债率高、现金流紧张的财务现状，主要建议公司采取股权性的筹资方式。除了发行普通股以外，公司还应该多元化地运用各种具体筹资方法。

例如，公司可以通过发行优先股的方式筹集资金。优先股一般没有固定的到期日，不用偿付本金。优先股的股利既有固定性，又有一定的灵活性。一般而言，优先股都采用固定股利，但对固定股利的支付并不构成公司的法定义务。如果公司的财务状况不佳，那么可以暂时不支付优先股股利，即使如此，优先股持有者也不能像公司债权人那样迫使公司破产，同时也可保持普通股股东对公司的控制权。当公司既想向社会增加股权资本，又想保持原有普通股股东的控制权时，利用优先股筹资尤为恰当。从法律上讲，优先股股本属于股权资本，发行优先股筹资，能够增强公司的股权资本基础，从而提高公司的举债能力。

此外，公司也可以通过发行认股权证的方式筹集资金。认股权证不论是单独发行还是附带发行，大多能为发行公司筹取一笔额外现金，从而提升公司的资本实力和运营能力。此外，单独发行的认股权证有利于将来发售股票；附带发行的认股权证可提高其所依附证券发行的效率。

第三部分 Excel在筹资管理中的应用实训

一、实训目的

通过该实训，使学生能够理解筹资数额应该与企业经营和投资资金需要额结合，根据需要额筹集资金，并掌握营业收入百分比法预测筹资数额。

二、实训原理

营业收入百分比法是指根据营业业务与资产负债表和利润表项目之间的比例关系，预测各项目资金需要额的方法，例如，某企业每年为销售100元货物，需要有20元存货，即存货与营业收入的百分比是20%（20÷100×100%）。若营业收入增至200元，那么，该企业需要有40元（200×20%）存货。由此可见，在某项目与营业收入的百分比既定的前提下，便可预测在未来一定销售额下该项目的资本需要额。

三、实训内容

运用营业收入百分比法，一般借助于预计利润表和预计资产负债表。通过预计利润表预测企业留存收益这种内部资本来源的增加额；通过预计资产负债表预测企业资本需要总额和外部筹资的增加额。

1.编制预计利润表，预测留存收益

举例：某企业2021年实际利润表（简表）的主要项目见表4-4，企业所得税税率为25%，若该企业2022年预计营业收入为18 000万元，该企业税后利润的留用比例为50%，试编制该企业2022年预计利润表，并预测留存收益。

营业收入百分比法预测留存收益

表4-4 **利润表（简表）**

2021年度 单位：万元

项 目	金 额
营业收入	15 000
减：营业成本	11 400
销售费用	900
管理费用	1 620
财务费用	600
营业利润	480
加：营业外收入	50
减：营业外支出	80
利润总额	450
减：所得税费用	112.5
净利润	337.5

第一步，确定2021年利润表各项目占营业收入的百分比。在单元格C3输入公式“=B3/$B$3”，得到营业收入占营业收入的百分比为“100.0%”，注意设置单元格C3至C13的属性为百分比。将单元格C3的公式复制到C4：C8，选中单元格C3，将光标移至单元格右下角出现“+”光标，点击鼠标左键，将鼠标拖至单元格C8，即得到2021年度利润表各敏感项目占营业收入的百分比，如图4-1所示。注意：营业外收入、营业外支出等后续项

目为非敏感项目，因此，不需要计算非敏感项目占营业收入的百分比。

C3 =B3/$B$3

	A	B	C	D
1	2021年实际利润表与2022年预计利润表（简化）			金额单位：万元
2	项目	2021年实际数	占营业收入的比例（%）	2022年预计数
3	营业收入	15,000.00	100.0%	
4	减：营业成本	11,400.00	76.0%	
5	销售费用	900.00	6.0%	
6	管理费用	1,620.00	10.8%	
7	财务费用	600.00	4.0%	
8	营业利润	480.00	3.2%	
9	加：营业外收入	50.00	—	
10	减：营业外支出	80.00	—	
11	利润总额	450.00	—	
12	减：所得税费用	112.50	—	
13	净利润	337.50	—	

图4-1 2021年利润表各敏感项目占营业收入的百分比

第二步，计算2022年预计利润表各项目的预计数。选中单元格D4，输入公式“=$D$3*C4”，得到2022营业成本预计数为13 680万元。然后继续选中单元格D4，将光标移至单元格右下角出现“+”光标，点击鼠标左键，将鼠标拖至单元格D8，即得到2022年利润表各敏感项目的预计数。营业外收入、营业外支出为非敏感项目，其2022年预计数等于2021年实际数。单元格D12输入公式“=D11*0.25”。单元格D13输入公式“=D11-D12”，如图4-2所示。

D4 =$D$3*C4

	A	B	C	D
1	2021年实际利润表与2022年预计利润表（简化）			金额单位：万元
2	项目	2021年实际数	占营业收入的比例（%）	2022年预计数
3	营业收入	15,000.00	100.0%	18,000.00
4	减：营业成本	11,400.00	76.0%	13,680.00
5	销售费用	900.00	6.0%	1,080.00
6	管理费用	1,620.00	10.8%	1,944.00
7	财务费用	600.00	4.0%	720.00
8	营业利润	480.00	3.2%	576.00
9	加：营业外收入	50.00	—	50.00
10	减：营业外支出	80.00	—	80.00
11	利润总额	450.00	—	546.00
12	减：所得税费用	112.50	—	136.50
13	净利润	337.50	—	409.50

图4-2 2022年预计利润表各项目的预计数

第三步，该企业税后利润的留用比例为50%，则2022年预测留存收益额为204.75万元（409.5×50%）。

2.编制预计资产负债表，预测外部筹资额

预计资产负债表是运用营业收入百分比法的原理预测外部筹资额的一种报表。预计资产负债表与实际资产负债表的内容、格式相同。通过提供预计资产负债表，可预测资产负债表及留存收益有关项目的数额，进而预测企业需要外部筹资的数额。

营业收入百分比法预测外部筹资额

运用营业收入百分比法要选定与营业收入保持基本不变比例关系的项目，这种项目称为敏感项目。敏感资产项目一般包括货币资金、应收账款、存货等项目；敏感负债项目一般包括应付账款、应付费用等项目。应收票据、短期投资、固定资产、长期投资、递延资产、短期借款、应付票据、非流动负债和投入资本通常不属于在短期内的敏感项目。留存收益也不宜列为敏感项目，因为它受企业所得税税率和分配政策的影响。

举例：某企业2021年实际营业收入15 000万元，2021年实际资产负债表见表4-5。2022年预计营业收入为18 000万元，预计利润额为540万元，所得税税率为25%，预计税后利润留用比例为50%，试编制该企业2022年预计资产负债表（简表），并预测外部筹资额。

表4-5 **资产负债表（简表）**

2021年12月31日 金额单位：万元

项目	金额
资产：	
货币资金	75
应收票据	100
应收账款	2 400
存货	2 610
其他流动资产	10
固定资产	185
资产总计	5 380
负债及股东权益：	
应付票据	200
应付账款	2 640
其他流动负债	105
非流动负债	355
负债合计	3 300
股本	1 250
留存收益	830
股东权益合计	2 080
负债及股东权益总计	5 380

根据上述资料，该企业2022年预计资产负债表的编制过程如下：

第一步，取得2021年资产负债表资料，并计算其敏感项目与营业收入的百分比。敏感项目包括货币资金、应收账款、存货、应付账款、其他流动负债。设置单元格C4、C6、C7、C10、C13、C14、C16的属性为百分比，选中单元格C4，输入公式“=B4/15000”，得到货币资金占营业收入的比例为0.5%。将单元格C4的公式复制到其他敏感项目，单元格C6、C7、C13、C14，得到各敏感项目占营业收入的百分比，如图4-3所示。

C4 fx =B4/15000

	A	B	C	D
1	2021年实际资产负债表与2022年预计资产负债表（简化）		金额单位：万元	
2	项目	2021年实际数	占营业收入的比例（%）	2022年预计数
3	资产：			
4	货币资金	75.00	0.5%	
5	应收票据	100.00	-	
6	应收账款	2,400.00	16.0%	
7	存货	2,610.00	17.4%	
8	其他流动资产	10.00	-	
9	固定资产	185.00	-	
10	资产总计	5,380.00	33.9%	
11	负债及股东权益：			
12	应付票据	200.00	-	
13	应付账款	2,640.00	17.6%	
14	其他流动负债	105.00	0.7%	
15	非流动负债	355.00	-	
16	负债合计	3,300.00	18.3%	
17	股本	1,250.00	-	
18	留存收益	830.00	-	
19	股东权益合计	2,080.00	-	
20	追加外部筹资额		-	
21	负债及股东权益总计	5,380.00	-	

图4-3 2021年资产负债表各敏感项目占营业收入的百分比

可以看出，该企业营业收入每增长100元，资产将增加33.9元；每实现100元销售所需的资本量，可由敏感负债解决18.3元。这里增加的敏感负债是自动增加的，如应付账款会因存货增加而自动增加。

每100元营业收入所需的资本与敏感负债的差额为15.6元（33.9-18.3），表示营业收入每增长100元而需追加的资本净额。它需从企业内部和外部来筹措。在本例中，营业收入增长3 000万元（18 000-15 000），需净增资本468万元（3 000 ×0.156）。

第二步，用2022年预计营业收入18 000万元乘以各敏感项目占营业收入的百分比，求得2022年预计资产负债表中的各敏感项目数额。而各非敏感项目按2021年的实际数额填列。由此，确定了在2022年预计资产负债表中除留存收益、追加外部筹资额以外的其他各个项目的数额，如图4-4所示。具体步骤如下：

在单元格D4中输入公式“=C4*18000”，得到2022年预计货币资金为90万元，将单元格D4的公式复制到其他敏感项目，单元格D6、D7、D13、D14，得到各敏感项目占营业收入的百分比。

D4 fx =C4*18000

	A	B	C	D
1	2021年实际资产负债表与2022年预计资产负债表（简化） 金额单位：万元			
2	项目	2021年实际数	占营业收入的比例（%）	2022年预计数
3	资产：			
4	货币资金	75.00	0.5%	90.00
5	应收票据	100.00	-	100.00
6	应收账款	2,400.00	16.0%	2,880.00
7	存货	2,610.00	17.4%	3,132.00
8	其他流动资产	10.00	-	10.00
9	固定资产	185.00	-	185.00
10	资产总计	5,380.00	33.9%	6,397.00
11	负债及股东权益：			
12	应付票据	200.00	-	200.00
13	应付账款	2,640.00	17.6%	3,168.00
14	其他流动负债	105.00	0.7%	126.00
15	非流动负债	355.00	-	355.00
16	负债合计	3,300.00	18.3%	3,849.00
17	股本	1,250.00	-	1,250.00
18	留存收益	830.00	-	
19	股东权益合计	2,080.00	-	
20	追加外部筹资额		-	
21	负债及股东权益总计	5,380.00	-	6,397.00

图4-4 2022年预计资产负债表各敏感项目与各非敏感项目预计数

应收票据为非敏感项目，因此在单元格D5中输入公式“=B5”。单元格D8、D9、D12、D15同理。

在单元格D10中输入公式“=SUM（D4：D9）”，得到2022年预计资产总计为6 397万元。同理，在单元格D16中输入公式“=SUM（D12：D15）”，得到2022年预计负债总计为3 849万元。

在单元格D21中输入公式“=D10”，使得“资产=负债+股东权益”等式成立。

第三步，确定2022年留存收益增加额及资产负债表中的留存收益累计额，如图4-5所示。留存收益增加额可根据利润额、所得税税率和留存收益比例来确定。2022年累计留存收益等于2021年累计留存收益加上2022年留存收益增加额。2022年利润额为546万元，所得税税率为25%，税后利润留用比例为50%，则2022年留存收益增加额为204.75万元。2022年累计留存收益为1 034.75万元（830+204.75）。

具体操作如下：

在单元格B27中输入公式“=B24*（1-B25）”，得到2022年税后利润为409.50万元；在单元格B28中输入公式“=B27*B26”，得到2022年留存收益增加额为204.75万元，如图4-5所示。

第四步，计算2022年企业需要的外部筹资额。

具体步骤如下（如图4-6所示）：

在单元格D18中输入公式“=B18+B28”，得到2022年预计留存收益为1 034.75万元；在单元格D19中输入公式“=SUM（D17：D18）”，得到股东权益合计为2 284.75万元；最后在单元格D20中输入公式“=D21-D16-D19”，得到需要追加外部筹资额为263.25万元。

	A	B
23	项目	2022年预计数
24	利润额（万元）	546.00
25	企业所得税税率（%）	25%
26	留存收益率（%）	50%
27	税后利润（万元）	409.50
28	留存收益（万元）	204.75

B27 f_x =B24*(1-B25)

图4-5　计算2022年预计留存收益增加额

D18 f_x =B18+B28

	A	B	C	D
4	货币资金	75.00	0.5%	90.00
5	应收票据	100.00	–	100.00
6	应收账款	2,400.00	16.0%	2,880.00
7	存货	2,610.00	17.4%	3,132.00
8	其他流动资产	10.00	–	10.00
9	固定资产	185.00	–	185.00
10	资产总计	5,380.00	33.9%	6,397.00
11	负债及股东权益：			
12	应付票据	200.00	–	200.00
13	应付账款	2,640.00	17.6%	3,168.00
14	其他流动负债	105.00	0.7%	126.00
15	非流动负债	355.00	–	355.00
16	负债合计	3,300.00	18.3%	3,849.00
17	股本	1,250.00	–	1,250.00
18	留存收益	830.00	–	1,034.75
19	股东权益合计	2,080.00	–	2,284.75
20	追加外部筹资额		–	263.25
21	负债及股东权益总计	5,380.00	–	6,397.00
22				
23	项目	2022年预计数		
24	利润额（万元）	546.00		
25	企业所得税税率（%）	25%		
26	留存收益率（%）	50%		
27	税后利润（万元）	409.50		
28	留存收益（万元）	204.75		

图4-6　计算2022年企业需要的外部筹资额

2022年预计资产总额为6 397万元，预计负债及股东权益总额为6 133.75万元，其差额为263.25万元。该项差额既是使资产负债表两方相等的平衡数，又是企业需要的外部筹资额。

上述营业收入百分比法的介绍，是基于预测年度非敏感项目、敏感项目及其与营业收入的百分比均与基年保持不变的假定。在实践中，非敏感项目、敏感项目及其与营业收入的百分比有可能发生变动，具体情况有：①非敏感资产、非敏感负债的项目构成以及数额的增减变动；②敏感资产、敏感负债的项目构成以及销售百分比的增减变动。这些变动对预测资金需要总额和追加外部筹资额都会产生一定的影响，必须相应地予以调整。

第五章

资本结构决策

第一部分 自测习题

一、名词解释

1.资本成本

2.资本结构

3.个别资本成本

4.综合资本成本

5.边际资本成本

6.经营杠杆

7.财务杠杆

8.总杠杆

9.筹资费用

10.用资费用

11.边际贡献

12.每股收益无差别点

二、单项选择题

1.资本成本在企业筹资决策中的作用不包括（　　）。

A.是企业选择资金来源的基本依据

B.是企业选择筹资方式的参考标准

C.作为计算净现值指标的折现率使用

D.是确定最佳资本结构的主要参数

2.某企业发行5年期债券，债券面值为1 000元，票面利率为10%，每年付息一次，发行价为1 100元，筹资费率为3%，所得税税率为25%，则该债券的资本成本为（　　）。

A.9.37%　　B.7.03%

C.7.36%　　D.6.66%

3.企业向银行取得借款100万元，年利率为5%，期限为3年。每年付息一次，到期还本，所得税税率为25%，手续费忽略不计，则该项借款的资本成本为（　　）。

A.3.75%　　B.5%

C.4.5%　　D.3%

4.某公司普通股目前的股价为10元/股，筹资费率为8%，刚刚支付现金股利每股为2

元，股利固定增长率为3%，则该股票的资本成本为（　　）。

A.22.39%　　B.21.74%

C.24.74%　　D.25.39%

5.某公司普通股目前的股价为10元/股，筹资费率为8%，刚刚支付现金股利每股为2元，股利固定增长率3%，则该企业利用留存收益的资本成本为（　　）。

A.22.39%　　B.25.39%

C.20.6%　　D.23.6%

6.在某企业的资金总额中，债券筹集的资金占40%，已知债券筹集的资金在500万元以下时其资本成本为4%，在500万元以上时其资本成本为6%，则在债券筹资方式下企业的筹资总额分界点是（　　）元。

A.1 000　　B.1 250

C.1 500　　D.1 650

7.某企业2021年的销售额为1 000万元，变动成本为600万元，固定经营成本为200万元，预计2022固定成本不变，则2021年的经营杠杆系数为（　　）。

A.2　　B.3

C.4　　D.无法计算

8.某企业2021年的销售额为1 000万元，变动成本为600万元，固定经营成本为200万元，利息费用为10万元，没有融资租赁和优先股，预计2022年息税前利润增长率为10%，则2022年的每股利润增长率为（　　）。

A.10%　　B.10.5%

C.15%　　D.12%

9.根据成本性态，在一定时期一定业务量范围之内，职工培训费一般属于（　　）。

A.半变动成本　　B.半固定成本

C.约束性固定成本　　D.酌量性固定成本

10.在资本结构的调整方法中不属于存量调整的是（　　）。

A.债转股　　B.增发新股偿还债务

C.优先股转为普通股　　D.进行融资租赁

11.在不考虑筹款限制的前提下，下列筹资方式中的个别资本成本最高的通常是（　　）。

A.发行普通股　　B.留存收益筹资

C.长期借款筹资　　D.发行公司债券

12.某企业某年的财务杠杆系数为2.5，息税前利润（EBIT）的计划增长率为10%，假定其他因素不变，则该年普通股每股收益（EPS）的增长率为（　　）。

A.4%　　B.5%

C.20%　　D.25%

13.如果企业一定期间内的固定生产成本和固定财务费用均不为零，那么由上述因素共同作用而导致的杠杆效应属于（　　）。

A.经营杠杆效应　　B.财务杠杆效应

C.联合杠杆效应　　D.风险杠杆效应

14.与经营杠杆系数同方向变化的是（　　）。

A.产品价格　　B.单位变动成本

C.销售量　　D.企业的利息费用

15.下列各项，当运用普通股每股利润（每股收益）无差别点确定最佳资本结构时，需计算的指标是（　　）。

A.息税前利润　　B.营业利润

C.净利润　　D.利润总额

16.假定某企业的权益资金与负债资金的比例为3:2，据此可断定该企业（　　）。

A.只存在经营费风险　　B.经营风险高于财务风险

C.经营风险低于财务风险　　D.同时存在经营风险和财务风险

17.B公司拟发行优先股40万股，发行总价为200万元，预计年股利为5%，发行费用为10万元。该优先股的资本成本为（　　）。

A.4.31%　　B.5.26%

C.5.63%　　D.6.23%

18.债券成本一般要低于普通股成本，这主要是因为（　　）。

A.债券的发行量小

B.债券的利息固定

C.债券风险较低，且债息具有抵税效应

D.债券的筹资费用少

19.如果企业的股东或经理人员不愿承担风险，那么股东或经理人员可能尽量采用的增资方式是（　　）。

A.发行债券　　B.融资租赁

C.发行股票　　D.向银行借款

20.如果预计企业的资产收益率高于借款的利率，那么应（　　）。

A.提高负债比例　　B.降低负债比例

C.提高股利发放率　　D.降低股利发放率

21.下列关于最佳资本结构的表述，错误的是（　　）。

A.最佳资本结构在理论上是存在的

B.资本结构优化的目标是提高企业价值

C.企业平均资本成本最低时的资本结构最佳

D.企业的最佳资本结构应当长期固定不变

22.某企业销售收入为800万元，变动成本率为40%，经营杠杆系数为2，总杠杆系数为3。假设固定成本增加80万元，其他条件不变，企业没有融资租赁和优先股，则总杠杆系数变为（　　）。

A.3　　B.4

C.5　　D.6

23. 下列说法错误的是（　　）。

A. 单项资产的β系数反映单项资产所含的系统风险对市场组合平均风险的影响程度

B. 某项资产的β = 某项资产的风险报酬率 ÷ 市场组合的风险报酬率

C. 某项资产的β = 1，说明该资产的系统风险与市场组合风险一致

D. 某项资产β = 0.5，说明如果整个市场投资组合的风险收益率上升5%，则该项资产的风险收益率上升10%

24. 在下列各种筹资方式中，企业不需要支付资金占用费的是（　　）。

A. 发行债券　　B. 发行优先股

C. 发行短期票据　　D. 发行认股权证

25. 在下列各种财务决策方法中，可以用于确定最佳资本结构且考虑了市场反应和风险因素的是（　　）。

A. 现值指数法　　B. 每股收益分析法

C. 公司价值比较法　　D. 综合资本成本比较法

26. 某公司计划投资建设一条生产线，投资总额为60万元，预计生产线接产后每年可为公司新增利润4万元，生产线的年折旧额为6万元，则该投资的静态投资回收期为（　　）年。

A.5　　B.6

C.10　　D.15

27. 如果企业的资金来源全部为自有资金，且没有优先股存在，则企业财务杠杆系数（　　）。

A. 等于0　　B. 小于1

C. 大于1　　D. 等于1

28. 在下列各项中，属于酌量性固定成本的是（　　）。

A. 折旧费　　B. 长期租赁费

C. 直接材料费　　D. 广告费

29. 在下列筹资活动中，不会加大财务杠杆作用的是（　　）。

A. 增发普通股　　B. 增发优先股

C. 增发公司债券　　D. 增加银行借款

30. 企业利用每股收益无差别点进行资本结构分析，当预计销售额超过每股收益无差别点的销售额时，采用（　　）筹资更为有利。

A. 留存收益　　B. 权益

C. 负债　　D. 内部

三、多项选择题

1. 资本成本包括用资费用和筹资费用两部分，其中属于用资费用的是（　　）。

A. 向股东支付的股利　　B. 向债权人支付的利息

C. 借款手续费　　D. 债券发行费

2.下列各项因素，影响经营杠杆系数计算结果的有（　　）。

A.销售单价　B.销售数量

C.资本成本　D.所得税税率

3.权益资本成本包括（　　）。

A.债券成本　B.优先股成本

C.普通股成本　D.留存收益成本

4.下列各项，属于半变动成本的有（　　）。

A.水电费　B.电话费

C.化验员工资　D.质检员工资

5.在边际贡献大于固定成本的情况下，下列措施有利于降低企业复合风险的有（　　）。

A.提高产量　B.提高产品单价

C.提高资产负债率　D.降低单位变动成本

6.下列各项因素，影响企业资本结构决策的有（　　）。

A.企业的经营状况　B.企业的信用等级

C.国家的货币供应量　D.管理者的风险偏好

7.企业最佳资本结构的确定方法包括（　　）。

A.因素分析法　B.每股收益分析法

C.资本成本比较法　D.公司价值比较法

8.最佳资本结构是指（　　）的资本结构。

A.企业价值最大　B.加权平均资本成本最低

C.每股收益最大　D.净资产值最大

9.当计算下列各项资金的筹资成本时，企业需要考虑筹资费用的有（　　）。

A.普通股　B.债券

C.长期借款　D.留存收益

10.决定资本成本高低的因素有（　　）。

A.资金供求关系变化　B.预期通货膨胀率高低

C.企业风险的高低　D.企业对资金的需求量

11.以下各项，反映联合杠杆作用的有（　　）。

A.说明普通股每股收益的变动幅度　B.预测普通股每股收益

C.衡量企业的总体风险　D.反映企业的获利能力

12.如果不考虑优先股，那么在筹资决策中联合杠杆系数的性质包括（　　）。

A.联合杠杆系数越大，企业的经营风险越高

B.联合杠杆系数越大，企业的财务风险越高

C.联合杠杆系数能够起到财务杠杆和经营杠杆的综合作用

D.联合杠杆系数能够估计出销售额变动对每股收益的影响

13.资本结构分析所指的资本包括（　　）。

A.长期债务　B.优先股

C.普通股　　D.短期借款

14.资本结构决策的每股收益分析法体现的目标包括（　　）。

A.股东权益最大化　　B.股票价值最大化

C.公司价值最大化　　D.利润最大化

15.下列关于财务杠杆的论述，正确的有（　　）。

A.在资本总额及负债比率不变的情况下，财务杠杆系数越高，每股收益增长越快

B.财务杠杆效益是指利用债务筹资给企业自有资金带来的额外收益

C.财务杠杆系数越大，财务风险越高

D.财务风险是指全部资本中债务资本比率的变化带来的风险

16.下列关于经营杠杆系数的表述，正确的有（　　）。

A.在固定成本不变的情况下，经营杠杆系数说明了销售额变动所引起的息税前利润变动的幅度

B.在固定成本不变的情况下，营业收入越大，经营杠杆系数越大，经营风险就越低

C.在固定成本不变的情况下，营业收入越大，经营杠杆系数越小，经营风险就越低

D.企业一般可以通过增加营业收入、降低产品单位变动成本、降低固定成本比例等措施使经营风险降低

17.下列关于联合杠杆的描述，正确的有（　　）。

A.用来估计销售量变动对息税前利润的影响

B.用来估计营业收入变动对每股收益造成的影响

C.揭示经营杠杆与财务杠杆之间的相互关系

D.为达到某一个既定的总杠杆系数，经营杠杆和财务杠杆可以有很多不同的组合

18.当确定企业资本结构时，（　　）。

A.如果企业的销售不稳定，那么可较多地筹措负债资金

B.为了保证原股东的绝对控制权，一般应尽量避免普通股筹资

C.若预期市场利率会上升，则企业应尽量利用长期负债

D.一般而言，收益波动较大的企业要比收益稳定的类似企业负债水平低

19.资金结构中的负债比率对企业有重要影响，表现在（　　）。

A.负债比率反映企业财务风险的高低

B.适度负债有利于降低企业的资本成本

C.负债有利于提高企业净利润

D.负债比率越高，企业价值越大

20.影响企业综合资本成本的主要因素有（　　）。

A.筹资期限的长短　　B.筹资规模

C.个别资本成本　　D.个别资本成本占全部资本的比例

四、判断题

1.资本成本包括用资费用和筹资费用两部分，一般使用相对数表示，即表示为筹资费用和用资费用之和与筹资额的比率。（　　）

2.在所有资金来源中，一般来说，普通股的资本成本最高。 ( )

3.因为公司债务必须付息，而普通股不一定支付股利，所以普通股资本成本小于债务资本成本。 ( )

4.从成熟的证券市场来看，企业的筹资顺序首先是内部筹资，其次是借款，发行债券、可转换债券筹资，最后是发行新股筹资。 ( )

5.当使用每股收益无差别点法进行最佳资本结构的判断时，企业考虑了风险的因素。 ( )

6.资本成本率是企业用以确定项目要求达到的投资报酬率的最低标准。 ( )

7.由于内部筹资一般不产生筹资费用，因此，内部筹资的资本成本最低。 ( )

8.某种资本的用资费用高，其成本率就高；反之，用资费用低，其成本率就低。 ( )

9.根据企业所得税法的规定，企业债务的利息不允许从税前利润中扣除。 ( )

10.根据企业所得税法的规定，公司以税后利润向股东分派股利，故股权资本成本没有抵税利益。 ( )

11.一般而言，从投资者的角度，股票投资的风险高于债券投资，因此，股票投资的必要报酬率可以在债券利率的基础上再加上股票投资高于债券投资的风险报酬率。 ( )

12.当资本结构不变时，个别资本成本越低，综合资本成本越高；反之，个别资本成本越高，综合资本成本越低。 ( )

13.在企业承担总风险能力一定且利率相同的情况下，对于经营杠杆水平较高的企业，应当保持较低的负债水平，而对于经营杠杆水平较低的企业，则可以保持较高的负债水平。 ( )

14.在一定的产销规模内，固定成本总额相对保持不变。如果产销规模超出了一定的限度，那么固定成本总额也会发生一定变动。 ( )

15.资本成本比较法一般适用于资本规模较大，资本结构较为复杂的非股份制企业。 ( )

16.公司价值比较法充分考虑了公司的财务风险和资本成本等因素的影响，进行资本结构的决策以公司价值最大化为标准，通常用于资本规模较大的上市公司。 ( )

17.每股收益分析法的决策目标是股东财富最大化或股票价值最大化，而不是公司价值最大化。 ( )

18.每股收益分析法可用于资本规模较大，但资本结构不太复杂的股份有限公司。 ( )

19.在其他因素不变的情况下，债券的发行价格与其资本成本成正比。 ( )

20.对股份公司而言，优先股也有财务杠杆的作用。 ( )

五、计算题

1.某公司年度销售净额为28 000万元，息税前利润为8 000万元，固定成本为3 200万元，变动成本率为60%；资本总额为20 000万元，其中债务资本比例占40%，平均年利率8%。

要求：试分别计算该公司的营业杠杆系数、财务杠杆系数和联合杠杆系数。

2.长江公司在成长过程中拟追加筹资4 000万元，现有A，B，C三个追加筹资方案可供选择，有关资料见表5-1。

表5-1 **长江公司各筹资方案统计表** 金额单位：万元

筹资方式	方案A		方案B		方案C	
	筹资额	个别资本成本(%)	筹资额	个别资本成本(%)	筹资额	个别资本成本(%)
长期借款	500	7	1 500	8	1 000	7.5
公司债券	1 500	9	500	8	1 000	8.25
优先股	1 500	12	500	12	1 000	12
普通股	500	14	1 500	14	1 000	14
合计	4 000	—	4 000	—	4 000	—

要求：试测算该公司A，B，C三个追加筹资方案的边际资本成本率，并据以比较选择最优追加筹资方案。

3.甲公司2021年年末的长期资本为5 000万元，其中长期银行借款为1 000万元，年利率为6%，所有者权益（包括普通股股本和留存收益）为4 000万元，公司计划在2022年追加筹集资金5 000万元，其中：按面值发行债券2 000万元，票面年利率为6.86%，期限为5年，每年付息一次，到期一次还本，筹资费率为2%；发行优先股3 000万元，固定股息率为7.76%，筹资费用率为3%。公司普通股β系数为2，一年期国债利率为4%，市场平均报酬率为9%，公司适用的所得税税率为25%，假设不考虑筹资费用对资本结构的影响，发行债券和优先股不影响借款利率和普通股股价。

要求：

（1）计算甲公司长期银行借款的资本成本。

（2）计算发行债券的资本成本（不用考虑货币时间价值）。

（3）计算甲公司发行优先股的资本成本。

（4）利用资本资产定价模型计算甲公司留存收益的资本成本。

（5）计算加权平均资本成本。

4.某企业目前拥有资本为1 000万元，其结构包括：债务资本占比20%（年利息20万元），普通股权益资本占比80%（发行普通股10万股，每股面值80元），所得税税率为25%。现准备追加筹资400万元，有两个筹资方案可供选择：

第一种方案全部发行普通股：增发5万股，每股面值80元。

第二种方案全部发行公司债券：利率为10%，利息为40万元。

要求：

（1）计算每股盈余的无差别点及无差别点的每股盈余额。

（2）企业追加筹资后，预计息税前利润160万元，则该企业应选择哪个筹资方案？

5.甲公司目前的息税前利润为5 400万元，拥有长期资本12 000万元，其中：长期债务3 000万元，年利息率为10%；普通股9 000万股，每股面值1元。若当前有较好的投资项目，需要追加投资2 000万元，有两种筹资方式可供选择：（1）增发普通股2 000万股，每股面值1元；（2）增加长期借款2 000万元，年利息率为8%。甲公司的所得税税率为25%，股权资本成本为12%。

要求：

（1）计算追加投资前甲公司的综合资本成本。

（2）如果你是该公司的财务经理，那么根据资本成本比较法，你将选择哪种筹资方式？

（3）比较在两种筹资方式下甲公司的每股利润。

（4）如果你是该公司的财务经理，那么根据每股利润分析方法，你将选择哪种筹资方式？

6.乙公司是一家上市公司，适用的企业所得税税率为25%，当年息税前利润为900万元，预计未来年度保持不变。为简化计算，假定净利润全部分配，债务资本的市场价值等于其账面价值，确定债务资本成本时不考虑筹资费用。证券市场平均收益率为12%，无风险收益率为4%，两种不同的债务水平下的税前利率和β系数见表5-2。公司价值和平均资本成本见表5-3。

表5-2 **不同债务水平下的税前利率和β系数**

债务账面价值(万元)	税前利率	β系数
1 000	6%	1.25
1 500	8%	1.50

表5-3 **公司价值和平均资本成本**

债务市场价值（万元）	股票市场价值（万元）	公司总价值（万元）	税后债务资本成本	权益资本成本	平均资本成本
1 000	4 500	5 500	（A）	（B）	（C）
1 500	（D）	（E）	*	16%	13.09%

注：表中的“*”表示省略的数据。

要求：

（1）确定表5-3中英文字母代表的数值（不需要列示计算过程）。

（2）依据公司价值比较法，确定上述两种债务水平的资本结构哪种更优，并说明理由。

7.黄河公司的全部长期资本为股票资本（S），账面价值为1亿元。公司认为目前的资本结构极不合理，打算发行长期债券并购回部分股票予以调整。公司预计年度息税前利润为3 000万元，公司所得税税率假定为25%。经初步测算，黄河公司不同资本结构（或不同债务资本规模B）下的贝塔系数（β）、长期债券的年利率（K_b）、股票的资本成本（K_s）以及无风险报酬率（R_f）和市场平均报酬率（R_m）见表5-4。

表5-4 黄河公司不同债务水平下的债务资本成本和权益资本成本

B(万元)	K_b(%)	β	R_f(%)	R_m(%)	K_s(%)
0	—	1.15	10	14	14.60
1 000	10	1.20	10	14	14.80
2 000	12	1.25	10	14	15.00
3 000	14	1.30	10	14	15.20
4 000	16	1.35	10	14	15.40
5 000	18	1.40	10	14	15.60

要求：试测算不同债务规模下的公司价值，并据以判断、选择公司最佳资本结构。

六、案例分析题

给我一个支点，我能撬起地球

“给我一个支点，我能撬起地球。”阿基米德这句脍炙人口的名言形象地描述了自然科学中的杠杆作用。杠杆能产生神奇的力量，而杠杆作用在财务管理中同样存在，我们来看这样一个例子。

刘先生的长江公司和张先生的瑞鑫公司是两家除了财务杠杆比率不同之外十分相似的公司。两家公司的资金总额均为1 000万元。刘先生从小接受的祖训是：最好不要借钱，因此长江公司的负债率很低，仅有10%；张先生倾向负债筹资，以小博大，所以瑞鑫公司的负债率非常高，达到70%。两家公司的债务利息率都是10%。企业所得税税率为25%。2021年，两家公司的资金回报率都是20%。而在2022年，受到新冠疫情影响，销售减少，两家公司的资金报酬率为5%，结果见表5-5。

表5-5 长江公司和瑞鑫公司的股权资金回报率

项目	2021年		2022年	
	长江公司	瑞鑫公司	长江公司	瑞鑫公司
息税前利润(万元)	200	200	50	50
利息费用(万元)	10	70	10	70
利润总额(万元)	190	130	40	-20
股权资金回报率(%)	15.83	32.50	3.33	-6.67

2021年，具有较高财务杠杆比率的瑞鑫公司获得32.50%的股权资金回报率，大大高于具有较低财务杠杆比率的长江公司的15.83%。而在2022年，长江公司具有3.33%的股权资金回报率，而瑞鑫公司的股权资金回报率为-6.67%。

要求：

请解释为什么2021年负债率高的瑞鑫公司的权益资本回报率更高？而在2022年，长江公司的权益资本回报率更高？

第二部分 自测习题参考答案

一、名词解释

1.资本成本

资本成本是指企业为筹集和使用资本而承付的代价。

2.资本结构

资本结构是指企业各种资本的价值构成及其比例关系，是企业一定时间筹资组合的结果。

3.个别资本成本

个别资本成本是指企业各种长期资本的成本率。

4.综合资本成本

综合资本成本是指一个企业全部长期资本的成本率，通常是以各种长期资本的比例为权重，对个别资本成本进行加权平均测算的，因此，又称加权平均资本成本。

5.边际资本成本

边际资本成本是指企业追加筹资的资本成本，即企业新增资本所需负担的成本。

6.经营杠杆

经营杠杆又称营业杠杆或营运杠杆，是指由于固定性经营成本的存在，而使企业的资产报酬（息税前利润）变动率大于业务量变动率的现象。

7.财务杠杆

财务杠杆又称筹资杠杆或资本杠杆，是指由于债务利息、优先股股息等固定性融资成本的存在，而使得企业的普通股每股收益变动率大于息税前利润变动率的现象。

8.总杠杆

总杠杆又称联合杠杆，是指由于固定性经营成本和固定性融资成本的存在，导致普通股每股收益变动率大于产销业务量变动率的现象。营业杠杆是利用企业经营成本中固定成本的作用而影响息税前利润，财务杠杆是利用企业资本成本中债务资本固定利息的作用而影响税后利润或普通股每股收益。总杠杆综合了营业杠杆和财务杠杆的共同影响。

9.筹资费用

筹资费用是指企业在筹集资金的过程中为取得资金而发生的各项费用，如银行借款手续费，发行股票、债券等有价证券而支付的印刷费、评估费、公证费、宣传费及承销费等。

10.用资费用

用资费用是指在使用所筹资金的过程中向出资者支付的报酬，如银行借款和债券的利息、股票的股利等。

11.边际贡献

边际贡献是指销售收入总额和变动成本总额之间的差额，又称贡献毛益或边际利润。

12.每股收益无差别点

每股收益无差别点是指在不同筹资方式下每股收益都相等时的息税前利润和业务量水平。

二、单项选择题

1.C	2.B	3.A	4.D	5.D
6.B	7.A	8.B	9.D	10.D
11.A	12.D	13.C	14.B	15.A
16.D	17.B	18.C	19.C	20.A
21.D	22.D	23.D	24.D	25.C
26.B	27.D	28.D	29.A	30.C

难点解析：

1. 选项C作为计算净现值指标的折现率使用，属于资本成本在企业投资决策中的应用。

2. $\frac{1\,000\times10\%\times(1-25\%)}{1\,100\times(1-3\%)}=7.03\%$

3. $5\%\times(1-25\%)=3.75\%$

4. $\frac{2\times(1+3\%)}{10\times(1-8\%)}\times100\%+3\%=25.39\%$

5. $\frac{2\%\times(1+3\%)}{10}+3\%=23.6\%$

6. $\frac{500}{40\%}=1\,250$（万元）

7. $DOL=\frac{1\,000-600}{1\,000-600-200}=2$

8. $DFL=\frac{1\,000-600-200}{1\,000-600-200-10}=1.05$

$1.05\times10\%=10.5\%$

10. 进行融资租赁不会改变企业的资本结构。

12. $10\%\times2.5=25\%$

13. 企业存在固定生产成本，有经营杠杆；企业存在固定财务费用，有财务杠杆，因此选联合杠杆效应。

14. $DOL=\frac{(P-V_c)Q}{(P-V_c)Q-F}$

单价、销售量与经营杠杆系数反方向变化，单位变动成本、固定成本与经营杠杆系数同方向变化。

16. 企业都存在固定性生产成本，因此存在经营杠杆，有经营风险；该企业告知有负债资金，因此存在财务杠杆，有财务风险。但无法判断经营风险与财务风险的高低。

17. 筹资费用率 $=\frac{10}{200}=5\%$

$K_p=\frac{5\%}{1-5\%}=5.26\%$

22. $DTL=\frac{800\times(1-40\%)}{800\times(1-40\%)-F-I}=3$，求得 $F+I=320$（万元）

固定成本增加后，F + I = 400（万元）

$$DTL=\frac{800\times(1-40\%)}{800\times(1-40\%)-400}=6$$

23.某项资产β = 0.5，说明如果整个市场投资组合的风险收益率上升10%，则该项资产的风险收益率上升5%。

24.发行债券、发行短期票据需要支付利息费用，发行优先股需要支付优先股的股利，这些都会产生资金的占用费，发行认股权证不需要资金的占用费。所以选项D是正确的。

25.每股收益分析法、综合资本成本比较法都是从账面价值的角度进行资本结构的优化分析，既没有考虑市场反应，又没有考虑风险因素。公司价值比较法，是在考虑市场风险基础上，以公司市场价值为标准，进行资本结构优化。所以选项C正确。

26.静态投资回收期 = 原始投资额 ÷ 每年现金流量，每年现金流量 = 4 + 6 = 10（万元），原始投资额为60万元，所以静态投资回收期 = 60 ÷ 10 = 6（年）。

27.在没有债务的情况下，企业的息税前利润变动率与每股收益变动率相等，财务杠杆系数等于1。

28.酌量性固定成本是指管理者的决策行动能够改变其数额的固定成本，例如，企业的开发研究费、广告费、职工培训费等。

29.增发普通股，属于权益筹资，不会影响债务利息和优先股股利，也不会影响财务杠杆。

30.当预计销售额超过每股收益无差别点的销售额时，利用债务筹资更有利，可以增加企业每股收益。当预计销售额低于每股收益无差别点的销售额时，利用权益筹资对企业更有利。

三、多项选择题

1.AB	2.AB	3.BCD	4.AB	5.ABD
6.ABCD	7.BCD	8.AB	9.ABC	10.ABC
11.ABC	12.CD	13.ABC	14.AB	15.ABCD
16.ACD	17.BCD	18.BCD	19.AB	20.CD

1.资本成本包括用资费用和筹资费用两部分：用资费用是指企业在生产经营、投资过程中因使用资金而支付的代价，如向股东支付的股利、向债权人支付的利息等，这是资本成本的主要内容；筹资费用是指企业在筹措资金过程中为获得资金而支付的费用，如向银行支付的借款手续费，因发行股票、债券而支付的发行费等。

2.影响经营杠杆系数的因素有：销售单价、产销量、单位变动成本、固定成本。

3.债券成本属于债务资本成本。

4.半变动成本通常有一个初始量，类似于固定成本，在这个初始量的基础上，随产量的增长而增长，又类似于变动成本，企业的公共事业费，如电费、水费、电话费均属于半变动成本；半固定成本随产量的变化呈阶梯形增长，产量在一定限度内，这种成本不变，当产量增长到一定限度后，这种成本就跳跃到一个新水平，化验员、质量检查人员的工资都属于这类成本。

5.提高资产负债率，债务比例增加，财务杠杆系数增加，不利于降低企业复合风险。

8.最佳资本结构是指加权平均资本成本最低，企业价值最大。

9.留存收益没有筹资费用，只有用资费用。

10.企业对资金的需求量属于微观因素，影响不了市场资金供求关系，也影响不了企业资本成本。

11.联合杠杆反映企业存在的经营风险与财务风险，没有反映企业的获利能力。

13.资本结构分析所指的资本是长期的。短期借款不在资本结构的考虑范畴。

17.联合杠杆（经营杠杆与财务杠杆）公示中的Q，指的是产销量。这里有一个假设，企业达到产销平衡。选项A应改为产销量的变动对税后利润的影响。

18.如果企业的销售不稳定，则风险较高，减少负债筹资会降低企业财务风险，选项A错误。发行普通股会改变原股东持股份额，所以，为了保证原股东的绝对控制权，一般应尽量避免普通股筹资，选项B正确。若预期市场利率会上升，则企业应尽量利用长期负债，可以减少债务资金的资本成本，选项C正确。收益波动较大的企业风险高，因此需要降低负债水平，选项D正确。

19.负债比率能够反映企业财务风险的高低，选项A正确。债务存在财务杠杆，适度负债有利于降低企业的资本成本，选项B正确。负债是否能够提高企业净利润是有条件的，选项C错误。选项D负债比率越高，企业价值越大，错误。

20.影响企业资本成本的因素有两个：个别资本成本和资本权重。

四、判断题

1.×	2.√	3.×	4.√	5.×
6.√	7.×	8.×	9.×	10.√
11.√	12.×	13.√	14.√	15.×
16.√	17.√	18.×	19.×	20.√

1.$资本成本=\frac{用资费用}{筹资额-筹资费用}$

资本成本一般使用相对数表示，即表示为用资费用与实际筹得资金（即筹资额扣除筹资费用后的差额）的比率。

2.普通股股利支付不固定。当企业破产后，股东的求偿权位于最后，与其他投资者相比，普通股股东所承担的风险最高，普通股的报酬也应最高，所以，在各种资金来源中，普通股的资本成本最高。

3.资产=负债+所有者权益，式中，普通股股东的权益排在债务权益后面，普通股股东承担的风险高于债权人承担的风险，普通股股东要求得到的收益也高，因此，普通股的资本成本大于债务资本成本。

5.每股收益无差别点法只考虑了资金结构对每股利润的影响，并假定每股利润最大，股票价格也最高，但是没有考虑资本结构对风险的影响。

6.资本成本是衡量资本结构优化程度的标准，也是对投资获得经济效益的最低要求，通常用资本成本率表示。

7.内部筹资虽然没有筹资费用，但是有用资费用，而且筹资费用与用资费用相比，用资费用占主要。

8.题中忽略了筹资净额，资本成本是用资费用与筹资净额相比。

9.债务利息允许税前扣除，因此才有财务杠杆。如果债务利息不允许税前扣除，那么财务杠杆也不存在。

15.资本成本比较法一般适用于资本规模较小，资本结构较为简单的非股份制企业。

18.每股收益分析法可用于资本规模不大，资本结构不太复杂的股份有限公司。

19.由债券资本成本计算公式可知，在其他因素不变的情况下，债券的发行价格与其资本成本成反比。

20.优先股的股利是在税前扣除，因此，需要缴纳企业所得税的股份有限公司如果发行优先股，就能产生财务杠杆作用。

五、计算题

1.解：

$$DOL = 1 + \frac{F}{EBIT} = 1 + \frac{3\,200}{8\,000} = 1.40$$

$$DFL = \frac{EBIT}{EBIT - I} = \frac{8\,000}{8\,000 - 20\,000 \times 40\% \times 8\%} = 1.09$$

$$DCL = DOL \times DFL = 1.40 \times 1.09 = 1.53$$

2.解：

（1）按方案A进行筹资：

长期借款在追加筹资中所占的比例 $= \frac{500}{4\,000} \times 100\% = 12.5\%$

公司债券在追加筹资中所占的比例 $= \frac{1\,500}{4\,000} \times 100\% = 37.5\%$

优先股在追加筹资中所占的比例 $= \frac{1\,500}{4\,000} \times 100\% = 37.5\%$

普通股在追加筹资中所占的比例 $= \frac{500}{4\,000} \times 100\% = 12.5\%$

计算方案A的边际资本成本为：

$12.5\% \times 7\% + 37.5\% \times 9\% + 37.5\% \times 12\% + 12.5\% \times 14\% = 10.5\%$

（2）按方案B进行筹资：

长期借款在追加筹资中所占的比例 $= \frac{1\,500}{4\,000} \times 100\% = 37.5\%$

公司债券在追加筹资中所占的比例 $= \frac{500}{4\,000} \times 100\% = 12.5\%$

优先股在追加筹资中所占的比例 $= \frac{500}{4\,000} \times 100\% = 12.5\%$

普通股在追加筹资中所占的比例 $= \frac{1\,500}{4\,000} \times 100\% = 37.5\%$

计算方案B的边际资本成本为：

$37.5\% \times 8\% + 12.5\% \times 8\% + 12.5\% \times 12\% + 37.5\% \times 14\% = 10.75\%$

（3）按方案C进行筹资：

长期借款在追加筹资中所占的比例 $=\frac{1\,000}{4\,000}\times100\%=25\%$

公司债券在追加筹资中所占的比例 $=\frac{1\,000}{4\,000}\times100\%=25\%$

优先股在追加筹资中所占的比例 $=\frac{1\,000}{4\,000}\times100\%=25\%$

普通股在追加筹资中所占的比例 $=\frac{1\,000}{4\,000}\times100\%=25\%$

计算方案C的边际资本成本为：

$25\%\times7.5\%+25\%\times8.25\%+25\%\times12\%+25\%\times14\%=10.44\%$

经计算得知，按方案C进行追加筹资，其边际资本成本最低，因此，长江公司应选择方案C作为最优追加筹资方案。

3.解：

(1) 长期银行借款资本成本 $=6\%\times(1-25\%)=4.5\%$

(2) 债券资本成本 $=\frac{6.86\%\times(1-25\%)}{1-2\%}=5.25\%$

(3) 优先股资本成本 $=\frac{7.76\%}{1-3\%}=8\%$

(4) 留存收益资本成本 $=4\%+2\times(9\%-4\%)=14\%$

(5) $K_w=\frac{1\,000}{10\,000}\times4.5\%+\frac{4\,000}{10\,000}\times14\%+\frac{2\,000}{10\,000}\times5.25\%+\frac{3\,000}{10\,000}\times8\%=9.5\%$

4.解：

(1) $\frac{(\overline{EBIT}-20)\times(1-25\%)}{10+5}=\frac{(\overline{EBIT}-20-40)\times(1-25\%)}{10}$

解得：

$\overline{EBIT}=140$（万元）

$EPS=\frac{(140-20-40)\times(1-25\%)}{10}=6$（元/股）

（2）当企业的息税前利润为140万元时，发行普通股和公司债券所带来的普通股每股盈余相等。目前企业预计息税前利润为160万元，则利用债务筹资可带来更多的抵税好处，因此，公司应选择第二个方案。

5.解：

（1）综合资本成本按各种长期资本的比例乘以个别资本成本计算，则追加投资前：

$K_w=\frac{3\,000}{12\,000}\times10\%\times(1-25\%)+\frac{9\,000}{12\,000}\times12\%=10.88\%$

（2）采用增发普通股方式：

$K_w=\frac{3\,000}{12\,000+2\,000}\times10\%\times(1-25\%)+\frac{9\,000+2\,000}{12\,000+2\,000}\times12\%=11.04\%$

采用长期借款方式：

$$K_w=\frac{3\,000}{12\,000+2\,000}\times10\%\times(1-25\%)+\frac{2\,000}{12\,000+2\,000}\times8\%\times(1-25\%)+\frac{9\,000}{12\,000+2\,000}\times12\%=10.18\%$$

可见，采用长期借款方式筹资后的综合资本成本要低于采用增发普通股方式筹资后的综合资本成本，因此，应选择长期借款方式筹资。

（3）采用增发普通股方式：

$$EPS=\frac{(5\,400-3\,000\times10\%)\times(1-25\%)}{9\,000+2\,000}=0.35\text{（元/股）}$$

采用长期借款方式：

$$EPS=\frac{(5\,400-3\,000\times10\%-2\,000\times8\%)\times(1-25\%)}{9\,000}=0.41\text{（元/股）}$$

可见，采用长期借款方式筹资时的每股利润0.41元，高于采用增发普通股方式筹资时的每股利润0.35元。

（4）两种筹资方式下每股利润的无差别点为：

$$\frac{(\overline{EBIT}-3\,000\times10\%)\times(1-25\%)}{9\,000+2\,000}=\frac{(\overline{EBIT}-3\,000\times10\%-2\,000\times8\%)\times(1-25\%)}{9\,000}$$

解得：$\overline{EBIT}=1\,180$万元

当前的息税前利润为5 400万元，大于每股利润的无差别点1 180万元，因此，应选择长期借款方式筹资。

6.解：

（1）$A=6\%\times(1-25\%)=4.5\%$

$B=4\%+1.25\times(12\%-4\%)=14\%$

$$C=\frac{1\,000}{5\,500}\times4.5\%+\frac{4\,500}{5\,500}\times14\%=12.27\%$$

$$D=\frac{(900-1\,500\times8\%)\times(1-25\%)}{16\%}=3\,656.25\text{（万元）}$$

$E=1\,500+3\,656.25=5\,156.25$（万元）

（2）当债务市场价值为1 000万元时，乙公司的资本结构更优。理由是当债务市场价值为1 000万元时，公司总价值最大，平均资本成本最低。

7.解：

（1）当 $B=0$，息税前利润为3 000万元时，$K_s=14.60\%$，则：

$$S=\frac{(3\,000-0)\times(1-25\%)}{14.60\%}=15\,410.96\text{（万元）}$$

$V=0+15\,410.96=15\,410.96$（万元）

$K_w=K_s=14.60\%$

（2）当 $B=1\,000$万元，息税前利润为3 000万元时，$K_s=14.80\%$，则：

$$S=\frac{(3\,000-1\,000\times10\%)\times(1-25\%)}{14.80\%}=14\,695.95\text{（万元）}$$

$V=1\,000+14\,695.95=15\,695.95$（万元）

$$K_w = 10\% \times \frac{1\,000}{15\,695.95} \times (1-25\%) + 14.80\% \times \frac{14\,695.95}{15\,695.95} = 14.33\%$$

（3）当 B＝2 000万元，息税前利润为3 000万元时，$K_s = 15.00\%$，则：

$$S = \frac{(3\,000 - 2\,000 \times 12\%) \times (1-25\%)}{15\%} = 13\,800(\text{万元})$$

$$V = 2\,000 + 13\,800 = 15\,800(\text{万元})$$

$$K_w = 12\% \times \frac{2\,000}{15\,800} \times (1-25\%) + 15\% \times \frac{13\,800}{15\,800} = 14.24\%$$

（4）当 B＝3 000万元，息税前利润为3 000万元时，$K_s = 15.20\%$，则：

$$S = \frac{(3\,000 - 3\,000 \times 14\%) \times (1-25\%)}{15.2\%} = 12\,730.26(\text{万元})$$

$$V = 3\,000 + 12\,730.26 = 15\,730.26(\text{万元})$$

$$K_w = 14\% \times \frac{3\,000}{15\,730.26} \times (1-25\%) + 15.20\% \times \frac{12\,730.26}{15\,730.26} = 14.30\%$$

（5）当 B＝4 000万元，息税前利润为3 000万元时，$K_s = 15.40\%$，则：

$$S = \frac{(3\,000 - 4\,000 \times 16\%) \times (1-25\%)}{15.4\%} = 11\,493.51(\text{万元})$$

$$V = 4\,000 + 11\,493.51 = 15\,493.51(\text{万元})$$

$$K_w = 16\% \times \frac{4\,000}{15\,493.51} \times (1-25\%) + 15.40\% \times \frac{11\,493.51}{15\,493.51} = 14.52\%$$

（6）当 B＝5 000万元，息税前利润为3 000万元时，$K_s = 15.60\%$，则：

$$S = \frac{(3\,000 - 5\,000 \times 18\%) \times (1-25\%)}{15.6\%} = 10\,096.15(\text{万元})$$

$$V = 5\,000 + 10\,096.15 = 15\,096.15(\text{万元})$$

$$K_w = 18\% \times \frac{5\,000}{15\,096.15} \times (1-25\%) + 15.60\% \times \frac{10\,096.15}{15\,096.15} = 14.90\%$$

将上述结果汇总见表5-6。

表5-6　**黄河公司总价值和平均资本成本**

B(万元)	S(万元)	V(万元)	K_b(%)	K_s(%)	K_w(%)
0	15 410.96	15 410.96	—	14.60	14.60
1 000	14 695.95	15 695.95	10	14.80	14.33
2 000	13 800.00	15 800.00	12	15.00	14.24
3 000	12 730.26	15 730.26	14	15.20	14.30
4 000	11 493.51	15 493.51	16	15.40	14.52
5 000	10 096.15	15 096.15	18	15.60	14.90

根据表5-6，经过比较可知，当债务资本为2 000万元时，黄河公司的资本结构最佳。此时，综合资本成本为14.24%，公司总价值为15 800万元。

六、案例分析题

表5-7 长江公司和瑞鑫公司的股权资金回报率

项目	2021年		2022年	
	长江公司	瑞鑫公司	长江公司	瑞鑫公司
息税前利润(万元)	200	200	50	50
利息费用(万元)	10	70	10	70
利润总额(万元)	190	130	40	-20
所得税(万元)	47.5	32.5	10	0
税后利润(万元)	142.5	97.5	30	-20
自有资本总额(万元)	900	300	900	300
股权资金回报率(%)	15.83	32.50	3.33	-6.67

(1) 根据表5-7可知，2021年，两家公司盈利较高。瑞鑫公司由于高负债率，导致其财务杠杆系数大于长江公司，因此，瑞鑫公司的股权资金回报率32.50%，大于长江公司的股权资金回报率15.83%。

(2) 2022年，经济下行，两家公司息税前利润略有盈余。此时，高负债率的瑞鑫公司要继续偿还长期借款利息70万元。我们发现，瑞鑫公司2022年的息税前利润不足以偿还利息费用，在实际情况下，瑞鑫公司的现金流甚至入不敷出，无法偿还债务，财务风险非常高，其2022年的股权资金回报率由2021年的32.50%降为-6.67%。而长江公司由于长期借款少，当公司经营遇到困难时，仍然有能力偿还债务，并保持3.33%的股权资金报酬率。

第三部分 Excel在资本结构决策中的应用实训

一、实训目的

掌握运用Excel作出长期借款筹资决策；运用Excel作出债券资本成本的计算决策；运用Excel作出股票资本成本的计算决策。

二、实训原理

1.长期借款的资本成本一般模式计算公式：

$$K_l = \frac{I_l(1-T)}{L-F_l} = \frac{I_l(1-T)}{L(1-f_l)}$$

2.公司债券资本成本一般模式计算公式：

$$K_b = \frac{I_b(1-T)}{B(1-f_b)}$$

3.普通股资本成本按股利折现模型的基本公式：

$$P_c = \sum_{t=1}^{\infty} \frac{D_t}{(1+K_c)^t}$$

4.优先股资本成本的计算公式：

$$K_p = \frac{D_p}{P_p}$$

三、实训内容

1.长期借款资本成本的计算

长期借款资本成本包括借款利息和借款手续费用，利息费用在税前支付，可以起抵税作用，一般计算税后资本成本。税后资本成本与股权资本成本具有可比性。

长期借款的筹资费用主要是手续费，一般数额很小，有时可以忽略不计。长期借款年利息为长期借款筹资额乘以长期借款利率。

长期借款资本
成本的计算

举例：企业取得5年期长期借款200万元，年利率10%，每年付息一次，到期一次还本，借款费用率为0.2%，企业所得税税率为25%，计算该项借款的资本成本。

具体步骤如下：

在单元格B7中输入公式"=B4*（1-B6）/（1-B5）"，其中:B4为年利率，B6为企业所得税税率，B5为长期借款费用率，得到长期借款的资本成本7.52%，如图5-1所示。

B7 =B4*(1-B6)/(1-B5)

	A	B
1	长期借款资本成本的计算	
2	项目	数额
3	长期借款金额（万元）	200.00
4	年利率（%）	10.00%
5	长期借款费用率（%）	0.20%
6	企业所得税税率（%）	25.00%
7	长期借款资本成本	7.52%

图5-1 长期借款资本成本的计算

进行长期借款分析就是利用Excel提供的筹资函数和工具，对借款金额、借款期限和归还期等因素进行多种测算，在多种方案中选择一种比较合理的借款方案。

2.公司债券资本成本的计算

公司债券资本成本包括债券利息和借款发行费用。债券可以溢价发行，也可以折价发行。

举例：某企业以1 100元的价格，溢价发行面值为1 000元、期限为5年、票面利率为7%的公司债券。每年付息一次，到期一次还本，发行费用率为3%，所得税税率为25%。计算该批债券的资本成本。

公司债券资本
成本的计算

具体步骤如下：

在单元格B9中输入公式"=B4*B6*（1-B8）/（B3*（1-B7））"，其中:B4为债券面值，B6为票面利率，B8为企业所得税税率，B3为债券价格，B7为债券发行费率，得到该批债券的资本成本为4.92%，如图5-2所示。

B9 f_x =B4*B6*(1-B8)/(B3*(1-B7))

	A	B
1	公司债券资本成本的计算	
2	项目	数额
3	债券价格（元）	1,100.00
4	债券面值（元）	1,000.00
5	期限	5
6	票面利率（%）	7.00%
7	债券的发行费率（%）	3.00%
8	企业所得税税率（%）	25.00%
9	债券的资本成本	4.92%

图5-2 公司债券资本成本的计算

3.普通股资本成本的计算

普通股资本成本主要是向股东支付的各期股利。由于各期股利并不一定固定，随企业各期收益波动，因此，普通股的资本成本只能按贴现模式计算，并假定各期股利的变化具有一定的规律性。

普通股资本成本的计算1

若公司采用固定股利政策，即每年分派现金股利D元，则：

$$K_c = \frac{D}{P_c}$$

举例：某公司普通股市价为每股30元，筹资费用率为2%，本年每股发放现金股利0.6元，并长期保持不变。计算普通股的个别资本成本。

具体步骤如下：

在单元格B6中输入公式“=B5/（B3*（1-B4））”，其中：B5为现金股利，B3为股票价格，B4为股票筹资费用率，得到普通股的资本成本为2.04%，如图5-3所示。

B6 f_x =B5/(B3*(1-B4))

	A	B
1	股利固定的情况下普通股资本成本的计算	
2	项目	数额
3	普通股市价（元）	30.00
4	筹资费用率（%）	2.00%
5	现金股利（元）	0.60
6	普通股的资本成本	2.04%

图5-3 股利固定的情况下普通股资本成本的计算

假定某股票上期支付的股利为D_0，未来各期股利按g速度增长。目前股票市场价格为P_c，则普通股资本成本为：

$$K_c = \frac{D_0(1+g)}{P_c} + g = \frac{D_1}{P_c} + g$$

举例：某公司普通股市价为每股30元，筹资费用率为2%，本年每股发放现金股利0.6元，预期股利年增长率为10%。计算普通股的个别资本成本。

具体步骤如下：

在单元格B7中输入公式“=B5*（1+B6）/（B3*（1-B4））+B6”，其中：B5*（1+B6）表示第1年发放的现金股利，B3为股票价格，B4为筹资费

普通股资本成本的计算2

用率，B6为股利年增长率，得到普通股的资本成本为12.24%，如图5-4所示。

B7 f_x =B5*(1+B6)/(B3*(1-B4))+B6

	A	B
1	股利以固定增长率增长的情况下普通股资本成本的计算	
2	项目	数额
3	普通股市价（元）	30.00
4	筹资费用率（%）	2.00%
5	本年发放现金股利（元）	0.60
6	股利年增长率（%）	10.00%
7	普通股的资本成本	12.24%

图5-4 股利以固定增长率增长的情况下普通股资本成本的计算

4.优先股资本成本的计算

优先股的股利通常是固定的，公司利用优先股筹资需花费发行费用，因此，优先股资本成本的测算类似于普通股资本成本。

举例：某公司准备发行一批优先股，每股发行价格为5元，每股发行费用为0.2元，预计年每股股利为0.5元。计算该批优先股的资本成本。

优先股资本成本的计算

具体步骤如下：

在单元格B6中输入公式“=B5/（B3-B4）”，其中：B5为优先股股利，B3为优先股价格，B4为优先股发行费用，得到优先股的资本成本为10.42%，如图5-5所示。

B6 f_x =B5/(B3-B4)

	A	B
1	优先股资本成本的计算	
2	项目	数额
3	优先股价格（元）	5.00
4	优先股发行费用（元）	0.20
5	优先股股利（元）	0.50
6	优先股的资本成本	10.42%

图5-5 优先股资本成本的计算

第六章

项目投资管理

第一部分 自测习题

一、名词解释

1.企业投资

2.间接投资

3.对内投资

4.对外投资

5.现金流量

6.净现值

7.内部报酬率

8.获利指数

9.投资回收期

10.平均报酬率

二、单项选择题

1.经营现金流量是指投资项目投入使用后，在其寿命周期内由于生产经营所带来的现金流入和现金流出的数量。这里现金流出是指（　　）。

A.经营现金支出　　B.缴纳的税金

C.付现成本　　D.经营现金支出和缴纳的税金

2.某公司当初以100万元购入一块土地，目前市价为80万元，如果欲在这块土地上兴建厂房，那么（　　）。

A.项目的机会成本为80万元　　B.项目的机会成本为100万元

C.项目的机会成本为20万元　　D.项目的机会成本为180万元

3.下列说法不正确的是（　　）。

A.内部报酬率是能够使未来现金流入量现值等于未来现金流出量现值的折现率

B.内部报酬率是方案本身的投资报酬率

C.内部报酬率是使方案净现值等于零的折现率

D.内部报酬率是使方案获利指数等于零的折现率

4.某投资项目投产后预计第1年流动资产需用额为100万元，流动负债需用额为80万元，第2年流动资产需用额为120万元，流动负债需用额为90万元，则第2年的流动资金投资额为（　　）万元。

A.30　　B.20

C.10　　D.0

5.某项目投资需要的固定资产投资额为100万元，无形资产投资额为10万元，流动资金投资额为5万元，则该项目的原始总投资额为（　　）万元。

A.117　　B.115

C.110　　D.100

6.下列说法不正确的是（　　）。

A.当净现值大于零时，获利指数小于1

B.当净现值大于零时，说明该方案可行

C.当净现值等于零时，说明此时的折现率为内部报酬率

D.净现值是未来现金流量的总现值与初始投资额现值之差

7.当某投资方案的折现率为18%时，净现值为-3.17万元；当折现率为16%时，净现值为6.12万元，则该方案的内部报酬率为（　　）。

A.14.68%　　B.16.68%

C.17.32%　　D.18.32%

8.某企业投资方案A的年销售收入为200万元，年总成本为100万元，其中，固定资产年折旧额为10万元，无形资产年摊销额为10万元，所得税税率为25%，则该项目经营现金净流量为（　　）万元。

A.95　　B.80

C.75　　D.100

9.若净现值为负数，则表明该投资项目（　　）。

A.投资报酬率小于零，不可行

B.为亏损项目，不可行

C.投资报酬率不一定小于零，因此也有可能是可行方案

D.投资报酬率没有达到预定的折现率，不可行

10.已知甲项目的原始投资额为800万元，建设期为1年，投产后1至5年的每年净现金流量为100万元，第6至10年的每年净现金流量为80万元，则该项目不包括建设期的静态投资回收期为（　　）年。

A.7.50　　B.9.75

C.8.75　　D.7.65

11.净现值和获利指数指标共同的缺点是（　　）。

A.不能直接反映投资项目的实际收益率

B.不能反映投入与产出之间的关系

C.没有考虑资金的时间价值

D.无法利用全部净现金流量的信息

12.下列指标的计算与必要报酬率有关的是（　　）。

A.净现值　　B.投资回收期

C.平均报酬率　　D.内部报酬率

13.某投资项目初始投资为12万元，当年完工投产，有效期为3年，每年可获得现金净流量4.6万元，则该项目的内部报酬率为（　　）。

A.6.68%　　B.7.33%

C.7.68%　　D.8.32%

14.某投资方案，当贴现率为16%时，其净现值为38万元；当贴现率为18%时，其净现值为-22万元，则该方案的内部收益率（　　）。

A.大于18%　　B.小于16%

C.介于16%与18%之间　　D.无法确定

15.某企业欲购进一套新设备，要支付400万元，该设备的使用寿命为4年，无残值，采用直线法计提折旧。预计每年可产生税前利润140万元，如果所得税税率为25%，则回收期为（　　）年。

A.3.81　　B.2.85

C.2.20　　D.1.95

16.当折现率与内部报酬率相等时（　　）。

A.净现值小于零　　B.净现值等于零

C.净现值大于零　　D.净现值不一定

17.某企业准备新建一条生产线，预计各项支出如下：投资前费用2 000元，设备购置费用8 000元，设备安装费用1 000元，建筑工程费用6 000元，投产时需垫支营运资本3 000元，不可预见费按总支出的5%计算，则该生产线的投资总额为（　　）元。

A.20 000　　B.21 000

C.17 000　　D.17 850

18.当一项长期投资的净现值大于零时，下列说法不正确的是（　　）。

A.该方案不可投资

B.该方案未来报酬的总现值大于初始投资的现值

C.该方案获利指数大于1

D.该方案的内部报酬率大于其资本成本

19.下列各项，不属于终结点现金流量范畴的是（　　）。

A.固定资产折旧　　B.固定资产残值收入

C.垫支在流动资产上资金的收回　　D.停止使用的土地的变价收入

20.投资决策评价方法，对于互斥方案来说，最好的评价方法是（　　）。

A.净现值法　　B.获利指数法

C.内部报酬率法　　D.平均报酬率法

21.在考虑所得税的情况下，企业计算项目的现金流量不需要考虑（　　）的影响。

A.更新改造项目中旧设备的变现收入

B.因项目的投产引起的企业其他产品销售收入的减少

C.固定资产的折旧额

D.以前年度支付的研究开发费

22.某企业打算变卖一套尚可使用6年的旧设备，并购置一台新设备替换旧设备，旧设备的账面价值为510万元，变价净收入为610万元，新设备的投资额为915万元，到第6年年末新设备的预计净残值为15万元，旧设备的预计净残值为10万元，则更新设备每年增加折旧额为（　　）万元。

A.66.67　　B.50

C.48.33　　D.49.17

23.中大公司2022年购买甲公司债券1 000万元，购买乙公司股票500万元，购买丙公司某专利权支付200万元，无其他投资事项，则中大公司本年度间接投资总额为（　　）。

A.500万元　　B.700万元

C.1 500万元　　D.1 700万元

24.在内部报酬率法下，如果投资是在期初一次性投入，且各年现金流入量相等，那么（　　）。

A.内部报酬率与原始投资额成正比

B.内部报酬率与原始投资额成反比

C.内部报酬率与原始投资额无关

D.内部报酬率等于原始投资额

25.在新旧设备使用寿命不同的固定资产更新决策中，不可以使用的决策方法是（　　）。

A.年均成本法　　B.年均净现值法

C.差量分析法　　D.最小公倍数法

三、多项选择题

1.利润与现金流量的差异主要表现在（　　）。

A.购置固定资产付出大量现金时不计入成本

B.将固定资产的价值以折旧或折耗的形式计入成本时，不需要付出现金

C.营业现金流量一般大于净利润

D.计算利润时不考虑垫支的流动资产的数量和回收的时间

2.原始总投资包括（　　）。

A.固定资产投资　　B.开办费投资

C.投资前费用　　D.流动资金投资

3.关于项目投资决策中的现金流量与财务会计的现金流量说法正确的是（　　）。

A.项目投资决策中的现金流量表反映的是项目生产经营期的现金流量

B.财务会计中的现金流量表反映的是一个会计年度的现金流量

C.二者的期间特征不同

D.二者的信息属性相同

4.长期投资决策中的终结现金流量包括（　　）。

A.固定资产上的残值收入或变价收入

B.垫支流动资产上的资金回收

C.停止使用的资产的变价收入

D.固定资产折旧

5.计算净现值时的折现率可以是（ ）。

A.投资项目的资本成本 B.投资的机会成本

C.社会平均资金收益率 D.银行存款利率

6.在投资决策分析中使用的折现现金流量指标有（ ）。

A.净现值 B.内部报酬率

C.获利指数 D.平均报酬率

7.下列关于企业投资的说法正确的有（ ）。

A.企业投资是提高企业价值的基本前提

B.企业投资仅指将闲置资金用于购买股票、债券等有价证券

C.直接投资是指把资金投放于证券等金融资产，以便取得股利或利息收入的投资

D.企业投资是降低风险的重要方法

8.下列投资属于短期投资的有（ ）。

A.现金 B.机器设备

C.存货 D.无形资产

9.下列投资属于对外投资的有（ ）。

A.股票投资 B.固定资产投资

C.债券投资 D.应收账款

10.对于同一投资方案，下列说法正确的有（ ）。

A.资本成本越高，净现值越低

B.资本成本越高，净现值越高

C.资本成本等于内部报酬率时，净现值为零

D.资本成本高于内部报酬率时，净现值小于零

11.下列说法正确的是（ ）。

A.在其他条件不变的情况下提高折现率会使得净现值变小

B.当利用动态指标对同一个投资项目进行评价和决策时，会得出完全相同的结论

C.在多个方案的组合排队决策中，如果资金总量受限，那么应首先按照净现值的大小进行排队，然后选择使得净现值之和最大的最优组合

D.当两个互斥方案的差额内部收益率大于基准收益率时，原始投资额大的方案为较优方案

12.在考虑企业所得税的前提下，下列可用于计算现金流量的公式有（ ）。

A.税后利润＋非付现成本

B.营业收入－付现成本－所得税

C.(营业收入－付现成本)×(1－所得税税率)

D.营业收入×(1－所得税税率)＋非付现成本×所得税税率

13.如果把原始投资看成是按预定折现率借入的，那么在净现值法下，下列说法正确的有（ ）。

A.当净现值为正数时说明还本付息后该项目仍有剩余收益

B.当净现值为负数时说明该项目的收益不足以偿还本息

C.当净现值为零时说明该项目偿还本息后一无所获

D.当净现值为负数时说明该项目收入小于成本

14.如果其他因素不变，一旦折现率提高，那么下列指标中的数值会变小的有（ ）。

A.投资回收期　　B.净现值

C.内部报酬率　　D.获利指数

15.下列属于净现值指标缺点的有（ ）。

A.不能直接反映投资项目的实际收益率水平

B.当各项目投资额不等时，仅用净现值无法确定独立投资方案的优劣

C.没有考虑投资的风险性

D.净现金流量和折现率的确定有一定难度

四、判断题

1.投资总额就是原始总投资，是指企业为使项目完全达到设计生产能力、开展正常经营而投入的全部现实资金。（ ）

2.项目投资决策使用的现金仅指各种货币资金。（ ）

3.计算项目的现金流入量，以营业收入替代经营现金流入是由于假定年度内没有发生赊销。（ ）

4.内部报酬率是指使项目的获利指数等于1的折现率。（ ）

5.独立方案的采纳与否不受其他方案的影响，只取决于方案本身的经济价值，所以可以运用净现值、内部报酬率等投资评价指标进行评价分析，决定方案的取舍。（ ）

6.净现值与获利指数之间存在一定的对应关系，当净现值大于零时，获利指数大于零但小于1。（ ）

7.直接投资的资金所有者和资金使用者是分离的，而间接投资的资金所有者和资金使用者是统一的。（ ）

8.联营投资是对外投资。（ ）

9.在没有通货膨胀的情况下，必要收益率=资金时间价值+风险收益率。（ ）

10.对现金、应收账款、存货、短期有价证券的投资都属于短期投资。（ ）

11.对内投资都是直接投资，对外投资都是间接投资。（ ）

12.获利指数大于1，说明投资方案的报酬率低于资本成本。（ ）

13.在互斥方案的选择决策中，净现值法有时会作出错误的决策，内部报酬率法则始终能得出正确的答案。（ ）

14.当进行长期投资决策时，如果备选方案净现值比较小，那么该方案的内部报酬率也相对较低。（ ）

15.由于获利指数是用相对数来表示的，因此获利指数法优于净现值法。（ ）

16.财务管理研究的项目投资决策通常会对企业本身未来的生产经营能力和偿债能力产生直接影响。 ( )

17.在不考虑所得税因素的情况下，同一投资方案分别采用加速折旧法、直线法计提折旧不会影响各年的现金净流量。 ( )

18.现金净流量是现金流入量与现金流出量的差额，其数值一定大于0。 ( )

19.折旧对投资决策产生影响，实际上是由于所得税的存在而引起的。 ( )

20.非折现指标又称动态评价指标，包括：净现值、获利指数和内部报酬率等。 ( )

21.必要收益率与投资者认识到的风险有关，如果某项资产的风险较低，那么投资者对该项资产的必要收益率就较高。 ( )

22.在有资本限额的情况下，一般使用内含报酬率法对多个项目组合进行决策。 ( )

23.原有固定资产的变价收入是指固定资产更新时变卖原有固定资产所得的现金收入，不用考虑净残值的影响。 ( )

24.若项目A的内含报酬率高于项目B的内含报酬率，则项目A的净现值也一定大于项目B。 ( )

25.某公司2022年想新建厂房，之前已经支付了10 000元的咨询费，这10 000元是公司进行新建厂房决策时的相关成本。 ( )

五、计算题

1.某企业拟购建一项固定资产，预计在建设起点需一次性投入资金1 100万元，建设期为2年，建设期满后需投入流动资金200万元。该固定资产估计可使用10年，期满有净残值100万元，按直线法计提折旧，流动资金于项目终结时一次收回，预计投产后每年可为企业多创利润100万元。

要求：假定不考虑所得税因素，计算项目各年的现金净流量。

2.东方公司目前有两个项目A、B可供选择，其各年的现金流量情况见表6-1。

表6-1 **项目A和项目B各年现金流量** 单位：元

年次(t)	项目A	项目B
0	-7 500	-5 000
1	4 000	2 500
2	3 500	1 200
3	1 500	3 000

要求：

（1）若东方公司要求的项目资金必须在2年内收回，则应选择哪个项目？

（2）东方公司现在采用净现值法，设定折旧率为15%，应采纳哪个项目？

3.华荣公司准备投资一个新的项目以扩大生产能力，预计该项目可以持续5年，固定资产投资750万元。固定资产采用直线法计提折旧，折旧年限为5年，估计净残值为50万元。预计每年的付现成本为300万元，每件产品单价为250元/件，年销量为30 000件，均为现金交易。预计期初需要垫支营运资本250万元。假设资本成本为10%，所得税税率为25%。

要求：

（1）计算项目经营净现金流量。

（2）计算项目净现值。

4.时尚公司某项目投资期为2年，每年投资200万元。从第3年年初开始投产，投产开始时垫支营运资本50万元，于项目结束时收回。项目运营期为6年，资产净残值为40万元，按直线法计提折旧。每年营业收入为400万元，付现成本为280万元。公司所得税税率为25%，资本成本为10%。

要求：

（1）计算项目现金流量。

（2）计算项目净现值。

（3）计算项目内部报酬率。

（4）评价项目是否可行。

5.某公司原有设备一套，购置成本为150万元，预计使用10年，已使用5年，预计残值为原值的10%，该公司用直线法计提折旧，现该公司拟购买新设备替换旧设备，以提高生产率，降低成本。新设备购置成本为200万元，使用年限为5年，同样用直线法计提折旧，预计残值为购置成本的10%，使用新设备后公司每年的销售额可以从1 500万元上升到1 650万元，每年付现成本将从1 100万元上升到1 150万元，公司如购置新设备，则旧设备出售可得收入100万元，该企业的所得税税率为25%，资本成本为10%。

要求：通过计算说明该设备是否应更新。

6.瑞鑫公司拥有一稀有矿藏，这种矿产品的价格不断上升。根据预测，6年后价格将一次性上升30%，因此，公司研究是现在开采还是6年后开采的问题。不论是现在开采还是6年后开采，初始投资均相同，建设期均为1年，从第2年开始投产，投产后5年就把矿藏全部开采完，有关资料详见表6-2。

表6-2 **瑞鑫公司矿藏开采项目**

投资与回收		收入与成本	
固定资产投资	80万元	年销售量	2 000吨
营运资本垫支	10万元	现在投资开发每吨售价	0.1万元
固定资产残值	0	6年后投资开发每吨售价	0.13万元
资本成本	10%	企业所得税税率	25%
		付现成本	60万元

要求：通过计算说明瑞鑫公司是应现在开采该矿藏还是等到6年后再开采。

六、案例分析题

折旧对现金流量的影响

现有A和B两家企业，全年销售收入、付现费用均相同，所得税税率为25%。两者的区别是：A企业有一项可计提折旧的资产，每年折旧额相同，B企业没有可计提折旧的资产。两家企业的现金流量见表6-3。

表6-3　　两家企业的现金流量　　单位：元

项目	A企业	B企业
销售收入	40 000	40 000
费用：		
付现营业费用	20 000	20 000
折旧	6 000	0
合计	26 000	20 000
税前利润	14 000	20 000
所得税(25%)	3 500	5 000
税后净利	10 500	15 000
营业现金流入：		
净利	10 500	15 000
折旧	6 000	0
合计	16 500	15 000
A企业比B企业拥有更多现金	1 500	

要求：A企业税后净利虽然比B企业少4 500元，但现金净流入多出1 500元，为什么？

第二部分　自测习题参考答案

一、名词解释

1.企业投资

企业投资，是指企业将财力投放于一定的对象，以期在未来获取收益的经济行为。

2.间接投资

间接投资又称证券投资，是指把资金投入证券等金融资产，以便取得股利或利息收入的投资。

3.对内投资

对内投资又称内部投资，是指把资金投在公司内部，以购置各种生产经营用资产的投资。

4.对外投资

对外投资，是指企业以现金、实物、无形资产等方式或者以购买股票、债券等有价证券的方式向其他单位的投资。

5.现金流量

现金流量在投资决策中是指一个项目引起的企业现金支出和现金收入的数量。

6.净现值

投资项目投入使用后的净现金流量，按资本成本或企业要求达到的报酬率折算为现值，减去初始投资以后的余额，称为净现值。

7.内部报酬率

内部报酬率又称内含报酬率，是指使投资项目的净现值等于零的贴现率。

8.获利指数

获利指数又称利润系数，是指投资项目未来报酬的总现值与初始投资额的现值之比。

9.投资回收期

投资回收期是指回收初始投资所需的时间，一般以年为单位，是一种使用范围很广的投资决策指标。

10.平均报酬率

平均报酬率是指投资项目寿命周期内平均的年投资报酬率，又称平均投资报酬率。

二、单项选择题

1.D	2.A	3.D	4.C	5.B
6.A	7.C	8.A	9.D	10.C
11.A	12.A	13.B	14.C	15.D
16.B	17.B	18.A	19.A	20.A
21.D	22.B	23.C	24.A	25.C

难点解析：

2.当初购入土地所支付的价款100万元为沉没成本，其对投资决策没有影响。对投资决策有影响的是因执行该项决策而放弃的收益，即转让所得的机会成本80万元。

3.内部报酬率是指各方面获利指数等于1的折现率。

4.第1年流动资金需用额=100-80=20（万元），首次流动资金投资额=20万元，第2年流动资金需用额=120-90=30（万元），第2年的流动资金投资额=30-20=10（万元）。

5.原始总投资额包括固定资产投资、无形资产投资、流动资金投资。

6.当净现值大于零时，获利指数大于1。

7.当折现率为18%时，净现值为负数，表明内部报酬率小于18%；当折现率为16%时，净现值为正数，表明内部报酬率大于16%，此题大于16%且小于18%的答案有两项，因此，可用插值法计算。

$\frac{IRR-16\%}{0-6.12}=\frac{18\%-16\%}{-3.17-6.12}$，得到IRR = 17.32%

8.经营现金流量 = $(200-100)\times(1-25\%)+10+10=95$（万元）

9.若净现值为负数，则表明内部报酬率没有达到必要报酬率，该投资项目不可行。

10.投产后第1年到第8年，共收回740万元，尚未收回60万元。

$PP=8+\frac{60}{80}=8.75$（年）

11.净现值和获利指数都不能够直接反映项目的实际收益率。直接反映项目实际收益率的指标为内部报酬率。净现值率和获利指数指标均能反映投入与产出之间的关系，三个指标均考虑了资金的时间价值，也使用了全部的现金流量信息。

12.净现值的计算需要每年现金净流入量求得现值，从而需要折现率，而折现率的选择往往是必要报酬率。

13.$4.6\times PVIFA_{IRR,3}=12$，$PVIFA_{IRR,3}=2.6087$，

查年金现值系数表得到：

$PVIFA_{7\%,3}=2.6243$，$PVIFA_{8\%,3}=2.5771$

$$\frac{IRR-7\%}{2.6087-2.6243}=\frac{8\%-7\%}{2.5771-2.6243}$$

得到：$IRR=7.33\%$

本题观看2.6087更靠近2.6243，表明IRR比7%大，但相对于8%，IRR更靠近7%，因此，可判断选项B正确。

14.当折现率为16%时，净现值为正数，表明内部报酬率大于16%；当折现率为18%时，净现值为负数，表明内部报酬率小于18%。

15.经营现金流量 = 税后利润 + 折旧 = 140×(1 - 25%) + 100 = 205(万元)

初始投资400万元，可判断不到（接近）2年可收回初始投资额，答案选D，1.95年。

16.当折现率等于内部报酬率时，求出净现值一定等于零，为内部报酬率的定义。

17.初始现金流量包括投资前费用、设备购置费用、设备安装费用、建筑工程费、营运资金垫支、原有固定资产的变价收入扣除相关税费后的净收益以及不可预见费用。

初始现金流量 = (2 000 + 8 000 + 1 000 + 6 000 + 3 000)×(1 + 5%) = 21 000(元)

19.终结期现金流量包括：固定资产残值收入、原有营运资金垫支的收回、停止使用的资产的变价收入。

20.贴现的现金流量指标中，当得出矛盾结论时，应以净现值为主。

21.以前年度支付的研究开发费属于沉没成本，因此，当计算现金流量时不必考虑其影响。

22.购置新设备每年的折旧额 = (915 - 15)÷6 = 150(万元)，旧设备每年的折旧额 = (610 - 10)÷6 = 100(万元)，所以新旧设备每年的折旧额之差 = 150 - 100 = 50（万元）。注意旧设备的折旧按照更新改造当时的变价净收入计算。

23.间接投资，是指将资金投放于股票、债券等金融资产上的投资。之所以称为间接投资，是因为股票和债券的发行方，在筹集到资金后，再把这些资金投放于形成生产经营能力的实体性资产，从而获取经营利润。间接投资方不直接介入投资方的具体生产经营过程，而是通过股票、债券上所约定的收益分配权利，获取股利或利息收入，从而分享直接投资的经营利润。购买专利权属于直接投资。

24.如果各年现金流量相等，可看做普通年金。公式为：$NCF\cdot PVIFA_{IRR,n}=C$，从公式可知，在满足题目条件的情况下，内部报酬率与初始筹资额成正比。

25.差量分析法只能用于新旧设备使用寿命相同的固定资产更新决策。

三、多项选择题

1.ABCD	2.ABCD	3.BC	4.ABC	5.ABC
6.ABC	7.AD	8.AC	9.AC	10.ACD
11.ABD	12.AB	13.ABC	14.BD	15.ABD

3.项目投资决策中的现金流量表包括建设期、经营期、终结期的现金流量。项目投资决策的现金流量与财务会计中的现金流量相比，期间特征不同，信息属性不同。

5.净现值的折现率可以为项目必要报酬率，可以为项目所需资金的综合资本成本，可以为投资其他项目的机会成本，也可以为社会平均资金收益率。具体如何选择，可由项目投资者决定，也可做不同选择，多次计算净现值，从而作出投资决策。

6.平均报酬率为非折现的现金流量指标。

7.直接投资是指投资于企业的内部项目，即对内投资。企业投资既包括直接投资，又包括间接投资。

8.投资于流动资产属于短期投资。投资于机器设备、无形资产等非流动资产属于长期投资。

10.资本成本越高，贴现率越高，净现值越小。

11.在多个方案的组合排队决策中，如果资金总量受限，那么应首先按照净现值率或者获利指数的大小进行排队，从中选出使得净现值之和最大的最优组合。

13.净现值小于0，不代表收入小于成本，只是说明收益率小于折现率，因此，选项D错误。

14.折现率提高，不影响静态投资回收期，影响动态投资回收期变长，因此，选项A错误。折现率提高会影响净现值、获利指数变小，因此，选项B、D正确。不论折现率怎么变化都不会影响内部报酬率，因此，选项C错误。

15.净现值法考虑了风险因素，通过折现率体现出来，因此，选项C错误。净现值法用绝对数衡量，当在投资规模不等的项目之间进行选择时，使用净现值法可能会作出错误的决策选择，因此，选项B正确。净现值法不能像内部报酬率一样直接反映项目的实际收益率水平，净现金流量与折现率的确定有一定难度，因此，选项A、D正确。

四、判断题

1.×	2.×	3.×	4.√	5.√
6.×	7.×	8.√	9.√	10.√
11.×	12.×	13.×	14.×	15.×
16.√	17.√	18.×	19.√	20.×
21.×	22.×	23.×	24.×	25.×

1.投资总额并不仅仅是指现实资金，这里的“资金”是广义的现金，比如一个项目需要使用企业原有机器设备，则机器设备的变现价值也属于初始投资额。

2.项目投资决策使用的现金不仅包括各种货币资金，而且包括项目需要投入的企业现有的非货币资源的变现价值。

3.在计算经营现金流量的公式中用到的营业收入，并不是假定没有发生赊销，而是假定当期发生的赊销与当期收回的应收账款相等。在这一知识点上，同学们可深入探讨。

6.当净现值大于零，获利指数将大于1。

7.间接投资的资金所有者和资金使用者是分离的；直接投资的资金所有者和资金使用者是统一的，都是指企业。

11.对内投资都是直接投资，对外投资主要是间接投资，也可能是直接投资。

12.获利指数大于1，只能说明项目的报酬率大于所选用的折现率。折现率一般选为必要报酬率，应该大于资本成本，因此，当获利指数大于1时，项目报酬率高于资本成本。

14.净现值比较小，只能说明该项目的内部报酬率比较接近所选用的贴现率，不能说明内部报酬率也相对较低。

15.净现值法与获利指数法都各有优点，无法比较哪种方法优。

18.现金净流量是现金流入量与现金流出量的差额，数值不一定大于0。当项目亏损时，该项目的现金流出量往往大于现金流入量。

20.折现现金流量指标又称动态评价指标。

21.必要收益率与投资者认识到的风险有关，人们对于资产的安全性有不同的看法。如果某公司陷入财务困难的可能性很大，即该公司股票产生损失的可能性很大，那么投资者投资该公司股票将会要求一个较高的收益率，所以，该股票的必要收益率就较高。

22.在有资本限额的情况下，一般使用获利指数法对多个项目组合进行决策。

23.前半句正确，后半句错误。原有固定资产的变价收入是指扣除相关税费后的净收益。当计算相关税费时，需要考虑净残值的影响。

24.项目A的内部报酬率高，只能说项目A的实际报酬率比项目B的实际报酬率大；如果项目B的投资规模远大于项目A，那么虽然项目B的内部报酬率不高，但项目B的净现值很有可能远大于项目A。

25.已经支付过的咨询费属于该项决策的沉没成本。

五、计算题

1.解：

（1）初始现金流量

$NCF_0 = -1\ 100$万元

$NCF_1 = 0$

$NCF_2 = -200$万元

（2）经营现金流量

$NCF_{3\sim11} =$ 净利润 + 折旧 $= 100 + 100 = 200$（万元）

（3）终结点现金流量

$NCF_{12} = 200 + 100 + 200 = 500$（万元）

2.解：

（1）$-7\ 500 + 4\ 000 + 3\ 500 = 0$

$PP_{A项目} = 2$（年）

$$PP_{B项目} = 2 + \frac{5\ 000 - 2\ 500 - 1\ 200}{3\ 000} = 2.43\text{（年）}$$

由于公司要求项目资金必须在2年内收回，因此，应选择项目A。

（2）$NPV_{A项目} = 4\ 000 \times PVIF_{15\%,1} + 3\ 500 \times PVIF_{15\%,2} + 1\ 500 \times PVIF_{15\%,3} - 7\ 500 = -389$（元）

$NPV_{B项目} = 2\ 500 \times PVIF_{15\%,1} + 1\ 200 \times PVIF_{15\%,2} + 3\ 000 \times PVIF_{15\%,3} - 5\ 000 = 53.82$（元）

若东方公司采用净现值法，则应采纳项目B。

3.解：

（1）项目经营净现金流量见表6-4。

表6-4 项目经营净现金流量 单位：万元

项目	第0年	第1年	第2年	第3年	第4年	第5年
初始投资	-750					
残值						50
营运资本	-250					250
营业收入		750	750	750	750	750
付现成本		300	300	300	300	300
折旧		140	140	140	140	140
税前利润		310	310	310	310	310
所得税费用		77.5	77.5	77.5	77.5	77.5
税后净利		232.5	232.5	232.5	232.5	232.5
项目净现金流量	-1 000	372.5	372.5	372.5	372.5	672.5

（2）项目净现值

$NPV = 372.5 \times PVIFA_{10\%,4} + 672.5 \times PVIF_{10\%,5} - 1\,000 = 598.34$（万元）

项目净现值为598.34万元。

4.解：

（1）投资项目现金流量见表6-5。

表6-5 投资项目现金流量 单位：万元

项目	第0年	第1年	第2年	第3～7年	第8年
初始投资	-200	-200			
营运资本垫支			-50		
经营现金流量				105	105
营运资本回收					50
净残值					40
现金流量	-200	-200	-50	105	195

其中：

营业现金流量$NCF_{3\sim8} = \left(400 - 280 - \dfrac{400-40}{6}\right) \times (1 - 25\%) + \dfrac{400-40}{6} = 105$（万元）

终结点现金流量$NCF_8' = 40 + 50 = 90$（万元）

（2）$NPV = 105 \times PVIFA_{10\%,5} \times PVIF_{10\%,2} + 195 \times PVIF_{10\%,8} - 50 \times PVIF_{10\%,2} - 200 \times PVIF_{10\%,1} - 200 = -3.24$（万元）

（3）当$i = 10\%$，$NPV = -3.24$万元

当$i = 9\%$，$NPV = 16.07$万元

$$\frac{IRR - 9\%}{0 - 16.07} = \frac{10\% - 9\%}{-3.24 - 16.07}$$

$IRR = 9.83\%$

(4)由于该项目的净现值小于零，内部报酬率小于资本成本，因此，该项目不可行。

5.解:

(1)继续使用旧设备

旧设备年折旧额 $= 150\times\dfrac{1-10\%}{10}=13.5$(万元)

旧设备账面价值 $=150-13.5\times5=82.5$(万元)<100万元

初始现金流量 $=-[100-(100-82.5)\times25\%]=-95.625$(万元)

经营现金流量 $=(1\,500-1\,100-13.5)\times(1-25\%)+13.5=303.375$(万元)

终结现金流量 $=150\times10\%=15$(万元)

继续使用旧设备的净现值 $=303.375\times PVIFA_{10\%,5}+15\times PVIF_{10\%,5}-95.625=1\,063.72$(万元)

(2)更新设备

新设备年折旧额 $=200\times\dfrac{1-10\%}{5}=36$(万元)

初始现金流量 $=-200$万元

经营现金流量 $=(1\,650-1\,150-36)\times(1-25\%)+36=384$(万元)

终结现金流量 $=200\times10\%=20$(万元)

更换新设备的净现值 $=384\times PVIFA_{10\%,5}+20\times PVIF_{10\%,5}-200=1\,268.09$(万元)

可见，更新设备的净现值大于继续使用旧设备的净现值，该公司应该更新设备。

6.解:

(1)计算现在开采的净现值

初始投资 $=-80-10=-90$(万元)

年折旧额 $=\dfrac{80-0}{5}=16$(万元)

经营现金流量 $=(2\,000\times0.1-60-16)\times(1-25\%)+16=109$(万元)

终结现金流量 $=109+10=119$(万元)

$$\begin{aligned}NPV&=109\times PVIFA_{10\%,4}\times PVIF_{10\%,1}+119\times PVIF_{10\%,6}-90\\&=109\times3.1699\times0.9091+119\times0.5645-90\\&=291.29\text{(万元)}\end{aligned}$$

(2)计算6年后开采的净现值

初始投资 $=-80-10=-90$(万元)

经营现金流量 $=(2\,000\times0.13-60-16)\times(1-25\%)+16=154$(万元)

终结现金流量 $=154+10=164$(万元)

$$\begin{aligned}NPV&=(154\times PVIFA_{10\%,4}\times PVIF_{10\%,1}+164\times PVIF_{10\%,6}-90)\times PVIF_{10\%,6}\\&=(154\times3.1699\times0.9091+164\times0.5645-90)\times0.5645\\&=251.97\text{(万元)}\end{aligned}$$

综上所述，现在开采的净现值为291.29万元，6年后开采的净现值为251.97万元，因此，瑞鑫公司应选择现在开采。

六、案例分析题

本案例要点：折旧对现金流量的影响。

从表6-3可以看出，A企业税后净利虽然比B企业少4 500元，但现金净流入多出1 500元，其原因在于有6 000元的折旧计入成本，使应纳税所得额减少6 000元，从而少纳税1 500元。这笔现金保留在企业，不必缴出。折旧对税负的影响可按以下方法计算：

税负减少额 = 折旧 × 所得税税率 = 6 000 × 25% = 1 500（元）

第三部分 Excel在项目投资管理中的应用实训

一、实训目的

掌握投资决策指标的计算方法，能利用Excel函数计算投资决策相关指标，并根据结果进行投资决策分析。

二、实训原理

1. 投资回收期计算公式：

$$投资回收期 = \frac{初始投资额}{年营业净现金流量}$$

2. 平均报酬率计算公式：

$$平均报酬率 = \frac{年平均现金流量}{初始投资额} \times 100\%$$

3. 净现值计算公式：

$$NPV = \left[\frac{NCF_1}{1+i} + \frac{NCF_2}{(1+i)^2} + \cdots + \frac{NCF_n}{(1+i)^n}\right] - C$$

4. 内部报酬率的计算公式：

$$\frac{NCF_1}{1+IRR} + \frac{NCF_2}{(1+IRR)^2} + \cdots + \frac{NCF_n}{(1+IRR)^n} - C = 0$$

5. 获利指数的计算公式：

$$PI = \left[\frac{NCF_1}{1+i} + \frac{NCF_2}{(1+i)^2} + \cdots + \frac{NCF_n}{(1+i)^n}\right] \div C$$

三、实训内容

1. 投资回收期

投资回收期（Payback Period，PP）是指回收初始投资所需要的时间，一般以年为单位，是一种使用很广泛的投资决策指标。投资回收期短，可以及早收回投资，承担风险低；反之，投资回收期长，承担风险高。

通过测算各投资方案的投资回收期，来评价投资方案优劣的方法称为投资回收期法。

投资回收期的计算，因每年的营业净现金流量是否相等而有所不同。

如果每年NCF不相等，那么投资回收期的计算要考虑各年年末的累计现金流量。当采用投资回收期这一指标进行决策时，企业应事先确定一个最长可接受的投资回收期，只有小于或等于最长可接受的投资回收期的方案才可行。而在有多个方案的互斥选择中，企业应选择投资回收期最短的方案。

投资回收期法的概念容易理解，计算也比较简便，但这一指标的缺点是没有考虑资金的时间价值，没有考虑回收期满后的现金流量状况，因而不能充分说明问题。

2.平均报酬率

平均报酬率（Average Rate of Return，ARR）是指在投资项目寿命周期内平均的年投资报酬率，又称平均投资报酬率。

当采用平均报酬率这一指标进行决策时，企业应事先确定一个要求达到的平均报酬率（或称必要平均报酬率），只有高于平均报酬率的方案才能入选。而在有多个方案的互斥选择中，企业应选择平均报酬率最高的方案。

平均报酬率法的优点是简明、易算、易懂；其主要缺点是没有考虑资金的时间价值，第1年的现金流量与最后一年的现金流量被看作具有相同的价值，所以，有时会作出错误的决策。

3.净现值

投资项目投入使用后的净现金流量，按资本成本或企业要求达到的报酬率折算为现值，再减去初始投资额以后的余额，称为净现值（Net Present Value，NPV）。

（1）净现值的计算过程

第一步：计算每年的营业净现金流量。

第二步：计算未来报酬的总现值。这又可分成三步：①将每年的营业净现金流量折算成现值。如果每年的NCF相等，那么按年金现值法折现；如果每年的NCF不相等，那么先对每年的NCF进行折现，再加以合计。②将终结点现金流量进行折现。③计算未来报酬的总现值。

第三步：计算净现值。

净现值=未来报酬的总现值-初始投资额

（2）净现值法的决策规则

在只有一个备选方案的决策中，净现值为正者则采纳，净现值为负者则不采纳。在有多个备选方案的互斥选择决策中，企业应选用净现值是正值中的最大者。

净现值法的优点是考虑了资金的时间价值，能够反映各种投资方案的净收益，因而是一种较好的方法；缺点是不能揭示各个投资方案本身可能的实际报酬率是多少。

4.内部报酬率

内部报酬率又称内含报酬率（Internal Rate of Return，IRR）是使投资项目的净现值等于零的贴现率。

内部报酬率实际上反映了投资项目的真实报酬率，目前越来越多的企业使用该项指标对投资项目进行评价。

（1）内部报酬率的计算过程

①如果每年的NCF相等，那么按下列步骤计算：

第一步，计算年金现值系数。

年金现值系数 = 初始投资额 ÷ 每年NCF

第二步，查年金现值系数表，在相同的期数内，找出与上述年金现值系数相邻的一个较大和一个较小的两个贴现率。

第三步，根据上述两个相邻的贴现率和已求得的年金现值系数，采用插值法计算出该投资方案的内部报酬率。

②如果每年的NCF不相等，那么需要按下列步骤计算：

第一步，先预估一个贴现率，并按此贴现率计算净现值。如果计算出的净现值为正数，那么表示预估的贴现率小于该项目的实际内部报酬率，应提高贴现率，再进行测算；如果计算出的净现值为负数，那么表示预估的贴现率大于该项目的实际内部报酬率，应降低贴现率，再进行测算。经过如此反复测算，找到净现值由正到负并且比较接近于零的两个贴现率。

第二步，根据上述两个相邻的贴现率再使用插值法，计算出方案的实际内部报酬率。

（2）内部报酬率法的决策规则

在只有一个备选方案的决策中，如果计算出的内部报酬率大于或等于企业的资本成本或必要报酬率就采纳；反之，则拒绝。在有多个备选方案的互斥选择决策中，企业应选择内部报酬率超过资本成本或必要报酬率最多的投资项目。

内部报酬率法考虑了资金的时间价值，反映了投资项目的真实报酬率，概念也易于理解。但这种方法的计算过程比较复杂，特别是每年NCF不相等的投资项目，一般要经过多次测算才能求得。

5.获利指数

获利指数又称利润指数（Profitability Index，PI），是指投资项目未来报酬的总现值与初始投资额的现值之比。

（1）获利指数的计算过程

第一步：计算未来报酬的总现值，这与计算净现值所采用的方法相同。

第二步：计算获利指数，即根据未来报酬的总现值和初始投资额之比计算获利指数。

（2）获利指数法的决策规则

在只有一个备选方案的决策中，获利指数大于或等于1，则采纳；反之，则拒绝。在有多个方案的互斥选择决策中，企业应选择获利指数超过1最多的投资项目。

获利指数法的优点是，考虑了资金的时间价值，能够真实地反映投资项目的盈亏程度。由于获利指数是用相对数来表示的，因此，有利于在初始投资额不同的投资方案之间进行对比。获利指数法的缺点是获利指数这一概念不便于理解。

投资决策指标的计算

举例：润泽公司准备购置一台生产设备，以扩充生产能力。经测算，固定资产投资100 000元，项目年限为5年，按直线法计提折旧，期末无残值。在5年中，每年的销售收入为60 000元，付现成本为20 000元。该项目开始时垫支流动资金30 000元，公司资本成本为8%，所得税税率为25%，公司要求的投资回收期为4年，要求的平均报酬率为12%。

要求：计算该项目的投资回收期、平均报酬率、净现值、内部报酬率和获利指数。

本例题在Excel中的操作如下：

第一步，计算项目现金流量，如图6-1所示。

	A	B	C	D	E	F	G
1	固定资产投资（元）	100,000.00					
2	项目年限（年）	5					
3	残值（元）	0					
4	销售收入（元）	60,000.00					
5	付现成本（元）	20,000.00					
6	垫支营运资金（元）	30,000.00					
7	资本成本	8%					
8	所得税税率	25%					
9	要求的投资回收期（年）	4					
10	要求的平均报酬率	12%					
11	营业净现金流量						
12	项　目	第1年	第2年	第3年	第4年	第5年	
13	销售收入（元）	60,000.00	60,000.00	60,000.00	60,000.00	60,000.00	
14	付现成本（元）	20,000.00	20,000.00	20,000.00	20,000.00	20,000.00	
15	折旧（元）	20,000.00	20,000.00	20,000.00	20,000.00	20,000.00	
16	利润总额（元）	20,000.00	20,000.00	20,000.00	20,000.00	20,000.00	
17	所得税费用（元）	5,000.00	5,000.00	5,000.00	5,000.00	5,000.00	
18	净利润（元）	15,000.00	15,000.00	15,000.00	15,000.00	15,000.00	
19	营业净现金流量（元）	35,000.00	35,000.00	35,000.00	35,000.00	35,000.00	
20	现金流量						
21		第0年	第1年	第2年	第3年	第4年	第5年
22	初始现金流量（元）	-130,000.00					
23	营业净现金流量（元）		35,000.00	35,000.00	35,000.00	35,000.00	35,000.00
24	终结现金流量（元）						30,000.00
25	现金流量合计（元）	-130,000.00	35,000.00	35,000.00	35,000.00	35,000.00	65,000.00

图6-1 项目现金流量

第二步，计算投资决策指标。在单元格B26中输入公式“=-B25/C25”；在单元格B27中输入公式“=SUM（C25:G25）/（5*（-B25））”；在单元格B28中输入公式“=NPV（B7，C25:G25）+B25”；在单元格B29中输入公式“=NPV（B30，C25:G25）+B25”，然后选择“单变量求解”，在对话框中，目标单元格输入B29，在目标值中输入“0”，在可变单元格中输入B30，最后单击确定；在单元格B31中输入公式“=1+B28/（-B25）”，计算结果如图6-2所示。

B31　fx　=1+B28/(-B25)

	A	B	C	D	E	F	G
20	现金流量						
21		第0年	第1年	第2年	第3年	第4年	第5年
22	初始现金流量（元）	-130,000.00					
23	营业净现金流量（元）		35,000.00	35,000.00	35,000.00	35,000.00	35,000.00
24	终结现金流量（元）						30,000.00
25	现金流量合计（元）	-130,000.00	35,000.00	35,000.00	35,000.00	35,000.00	65,000.00
26	投资回收期（年）	3.71	可行性评价				
27	平均报酬率	31.54%					
28	净现值（元）	30,162.35					
29	令：净现值=0	0		—			
30	内部报酬率	15.66%					
31	获利指数	1.23					

图6-2 投资决策指标

第三步，计算投资决策指标。在单元格D26中输入公式“=IF（B26<=B9，"可行"，"不可行"）”；在单元格D27中输入公式“=IF（B27>=B10，"可行"，"不可行"）”；在单元格D28中输入公式“=IF（B28>=0，"可行"，"不可行"）”；在单元格D30中输入公式“=IF（B30>=B10，"可行"，"不可行"）”；在单元格D31中输入公式“=IF（B31>=1，"可行"，"不可行"）”，如图6-3。

D26　名称框　fx =IF(B26<=B9,"可行","不可行")

	A	B	C	D	E	F	G
20	现金流量						
21		第0年	第1年	第2年	第3年	第4年	第5年
22	初始现金流量（元）	-130,000.00					
23	营业净现金流量（元）		35,000.00	35,000.00	35,000.00	35,000.00	35,000.00
24	终结现金流量（元）						30,000.00
25	现金流量合计（元）	-130,000.00	35,000.00	35,000.00	35,000.00	35,000.00	65,000.00
26	投资回收期限	3.71	可行性评价	可行			
27	平均报酬率	31.54%		可行			
28	净现值（元）	30,162.35		可行			
29	令：净现值=0	0		—			
30	内部报酬率	15.66%		可行			
31	获利指数	1.23		可行			

图6-3　项目可行性评价

第七章

营运资金管理

第一部分 自测习题

一、名词解释

1.营运资金

2.存货

3.现金机会成本

4.现金转换成本

5.信用条件

6.经济订货批量

7.再订货点

8.订货成本

9.储存成本

二、单项选择题

1.与企业为应付紧急情况而需要保持的现金余额无关的是（　　）。

A.企业愿意承担风险的程度　　B.企业临时举债能力的强弱

C.企业销售水平　　D.企业对现金流量预测的可靠程度

2.某企业年赊销额为500万元（一年按360天计算），应收账款周转率为10次，变动成本率为60%，资本成本为8%，则企业的应收账款机会成本为（　　）万元。

A.2.4　　B.30

C.3.6　　D.4.2

3.（　　）反映了客户的经济实力与财务状况的优劣，是客户偿付债务的最终保证。

A.信用品质　　B.偿付能力

C.资本　　D.抵押品

4.某企业销售商品，年赊销额为500万元，信用条件为（2/10，1/20，N/40），预计将会有60%的客户享受2%的现金折扣，30%的客户享受1%的现金折扣，其余的客户均在信用期内付款，则企业应收账款的平均收账天数为（　　）。

A.14天　　B.15天

C.16天　　D.无法计算

5.根据营运资金管理理论，下列各项不属于企业应收账款成本内容的是（　　）。

A.机会成本　　B.管理成本

C.短缺成本　　D.坏账成本

6.某企业全年需要甲材料240吨，每次进货成本40元，每吨材料年储存成本12元，则每年最佳进货次数为（　　）次。

A.3　　B.4

C.6　　D.9

7.企业评价客户等级，决定给予或拒绝客户信用的依据是（　　）。

A.信用标准　　B.收账政策

C.信用条件　　D.信用政策

8.下列各项，可用于计算营运资金的算式是（　　）。

A.资产总额-负债总额　　B.流动资产总额-负债总额

C.流动资产总额-流动负债总额　　D.速动资产总额-流动负债总额

9.下列各项，不直接影响保险储备计算的是（　　）。

A.平均每天正常耗用量　　B.预计最长订货提前期

C.预计每天最小耗用量　　D.正常订货提前期

10.在资产总额和筹资组合都保持不变的情况下，如果固定资产增加，那么短期资产减少，而企业的风险和盈利（　　）。

A.不变　　B.增加

C.一个增加，另一个减少　　D.不确定

11.信用条件“2/10，N/30”表示（　　）。

A.信用期限为10天，折扣期限为30天

B.如果在开票后10～30天内付款可享受2%的折扣

C.信用期限为30天，现金折扣为20%

D.如果在10天内付款，可享受2%的现金折扣

12.下列关于信用标准的说法不正确的是（　　）。

A.信用标准是企业同意向顾客提供商业信用而提出的基本要求

B.信用标准主要是规定企业只能对信誉很好、坏账损失率很低的顾客给予赊销

C.如果企业的信用标准较严，那么会减少坏账损失，从而减少应收账款的机会成本

D.如果企业的信用标准较宽，那么虽然会增加销售，但是会相应增加坏账损失和应收账款的机会成本

13.经济批量是指（　　）。

A.采购成本最低时的采购批量　　B.订货成本最低时的采购批量

C.储存成本最低时的采购批量　　D.存货总成本最低时的采购批量

14.某公司每天正常耗用甲零件10件，订货提前期为10天，预计最大耗用量为20件，预计最长收货时间为20天，则该公司的保险储备和再订货点分别为（　　）件和（　　）件。

A.150；250　　B.100；400

C.200；250　　D.250；150

15.企业持有现金的原因，主要是为了满足（　　）。

A.交易性、预防性、收益性需要　　B.交易性、投机性、收益性需要

C.交易性、预防性、投机性需要　　D.预防性、收益性、投机性需要

16.下列项目，属于持有现金的机会成本的是（　　）。

A.现金管理人员工资　　B.现金安全措施费用

C.现金被盗损失　　D.现金的再投资收益

17.某企业每年向供应商购入100万元的商品，该供应商提供的信用条件为“2/10，N/40”，若该企业放弃现金折扣，则其放弃现金折扣的资本成本为（　　）。

A.22.36%　　B.24.49%

C.26.32%　　D.36.73%

18.下列各项，属于应收账款机会成本的是（　　）。

A.应收账款占有资金的应计利息　　B.客户资信调查费用

C.坏账损失　　D.收账费用

19.下列对应收账款信用期限的叙述，正确的是（　　）。

A.信用期限越长，企业坏账风险越小

B.信用期限越长，表明客户享受的信用条件越优越

C.延长信用期限，不利于销售收入的扩大

D.信用期限越长，应收账款的机会成本越低

20.某全业预计销售额将由3 600万元变为7 200万元，收账期为60天，若该企业的变动成本率为60%，机会成本率为10%，假设成本水平保持不变，则该企业应收账款占用资本增加（　　）万元。

A.3 600　　B.36

C.360　　D.600

21.下列关于现金折扣的表述，正确的是（　　）。

A.现金折扣又称商业折扣

B.现金折扣率越低，企业付出的代价越高

C.现金折扣是为了加快账款的回收而给予顾客的一定优惠

D.为了增加利润，应当取消现金折扣

22.已知B公司应收账款周转期为70天，应付账款周转期为30天，存货周转期为80天，则货币资金周转期为（　　）天。

A.100　　B.120

C.150　　D.180

23.在其他条件相同的情况下，下列各项，可以加速现金周转的是（　　）。

A.减少存货　　B.减少应付账款

C.放宽赊销信用期　　D.利用供应商提供的现金折扣

24.在应收账款保理业务中，保理商和供应商将应收账款被转让的情况通知购货商，并签订三方合同，同时，供应商向保理商融通资金后，如果购货商拒绝付款，那么保理商

有权向供应商要求偿还融通的资金，这种保理是（　　）。

A.暗保理，且是无追索权的保理　　B.明保理，且是有追索权的保理

C.暗保理，且是有追索权的保理　　D.明保理，且是无追索权的保理

25.企业将资金投放于应收账款而放弃其他投资项目，就会丧失这些投资项目可能带来的收益，则该收益是（　　）。

A.应收账款的管理成本　　B.应收账款的机会成本

C.应收账款的坏账成本　　D.应收账款的短缺成本

26.某公司全年需用X材料18 000件，计划开工360天。该材料从订货日至到货日的时间为5天，保险储备为100件。该材料的再订货点是（　　）件。

A.100　　B.150

C.250　　D.350

27.企业采用ABC控制法进行存货管理，应该重点控制的存货类别是（　　）。

A.品种较多的存货　　B.数量较多的存货

C.库存时间较长的存货　　D.单位价值较大的存货

28.在下列各项成本中，与现金的持有量成正比例关系的是（　　）。

A.管理成本

B.企业持有现金放弃的再投资收益

C.固定性转换成本

D.短缺成本

29.某企业年初从银行贷款100万元，期限为1年，年利率为10%，按照贴现法付息，则年末应偿还的金额为（　　）万元。

A.70　　B.90

C.100　　D.110

30.在下列各项中，与放弃现金折扣的机会成本成反向变化的是（　　）。

A.现金折扣　　B.折扣期

C.信用标准　　D.信用期

三、多项选择题

1.与长期负债筹资相比，流动负债筹资的特点包括（　　）。

A.速度快　　B.弹性大

C.成本低　　D.风险低

2.下列各项，属于企业为满足交易动机所持有现金的是（　　）。

A.偿还到期债务　　B.派发现金股利

C.在银行维持补偿性余额　　D.缴纳税款

3.经济订货批量（　　）。

A.与存货年度总需求量成正比　　B.与每次订货的变动成本成反比

C.与单位存货的年储存成本成反比　　D.与存货的购置成本成正比

4.应收账款的功能包括（　　）。

A.促进销售　B.减少存货

C.增加现金　D.减少借款

5.应收账款的信用条件包括（　）。

A.信用期限　B.折扣期限

C.现金折扣　D.收账政策

6.不适当的延长信用期限给企业带来的后果包括（　）。

A.应收账款机会成本增加　B.坏账损失减少

C.坏账损失增加　D.收账费用增加

7.下列各项属于应收账款管理成本的是（　）。

A.资金因投资应收账款而丧失的其他收入

B.应收账款无法收回带来的损失

C.客户资信调查费用

D.应收账款收账费用

8.存货的短缺成本包括（　）。

A.替代材料紧急采购的额外开支　B.材料供应中断造成的停工损失

C.延误发货造成的信誉损失　D.丧失销售机会的损失

9.评估顾客信用的5C评估法中的“5C”包括（　）。

A.品质　B.能力

C.利润　D.资本

E.情况

10.信用标准过高的可能结果包括（　）。

A.丧失很多销售机会　B.降低违约风险

C.扩大市场占有率　D.减少坏账费用

11.某企业每年耗用甲材料360 000千克，该材料的单位采购成本为100元/千克，单位年储存成本为4元/千克，平均每次进货费用为200元，则下列表述，正确的有（　）。

A.经济进货批量是6 000千克

B.经济进货批量相关的总成本是24 000元

C.经济进货批量平均占有资金为300 000元

D.年度最佳进货批次为60次

12.运营资本组合筹资策略有（　）。

A.配合型组合筹资策略　B.激进型组合筹资策略

C.稳健型组合筹资策略　D.保守型组合筹资策略

13.现金成本包括（　）。

A.持有成本　B.转换成本

C.短缺成本　D.管理成本

14.企业编制现金预算，如果现金余缺大于最佳现金持有量，那么企业可采取的措施有（　）。

A.销售短期有价证券　　B.偿还部分借款利息

C.购入短期有价证券　　D.偿还部分借款本金

15.下列管理措施，可以缩短现金周转期的有（　　）。

A.提前偿还短期融资券　　B.利用商业信用延期付款

C.加大应收账款催收力度　　D.加快制造和销售产品

16.企业运用成本模型确定最佳现金持有量，现金持有量与持有成本之间的关系表现为（　　）。

A.现金持有量越小，总成本越大　　B.现金持有量越大，机会成本越大

C.现金持有量越小，短缺成本越大　　D.现金持有量越大，管理总成本越大

17.在一定时期内，应收账款周转次数多、周转天数少表明（　　）。

A.收账速度快　　B.信用管理政策宽松

C.应收账款流动性强　　D.应收账款管理效率高

18.一般而言，存货周转次数增加，其所反映的信息有（　　）。

A.盈利能力下降　　B.存货周转期延长

C.存货流动性增强　　D.资产管理效率提高

19.存货的短缺成本包括（　　）。

A.替代材料紧急采购的额外开支

B.材料供应中断造成的停工损失

C.延误发货造成的信誉损失

D.丧失销售机会的损失

20.在流动资产投资策略的选择上，如果一个公司是保守的，那么以下表述合理的有（　　）。

A.具有低水平的流动总资产与销售收入比率

B.企业资产具有较高的流动性

C.盈利能力较强

D.营运风险较低

四、判断题

1.加速收款是企业提高现金使用效率的重要策略之一，因此，企业要努力把应收账款降低到最低水平。（　　）

2.再订货点的高低对经济订货批量不产生影响，对订货次数也没有影响。（　　）

3.企业通过信用调查和严格信用审批制度，可以解决账款遭到拖欠甚至拒付的问题。（　　）

4.企业的营运资金越多，风险越高，收益率越高。（　　）

5.企业现金管理的目的首先是使现金获得最大收益，其次是保证日常生产经营业务的现金需求。（　　）

6.营运资金具有流动性强的特点，但是流动性越强的资产其收益性就越差。（　　）

7.如果一个企业的短期资产比较多，短期负债比较少，那么说明该企业的短期偿债能

力较弱。（　）

8.赊销是扩大销售的有力手段之一，企业应尽可能放宽信用条件，增加赊销量。（　）

9.企业加速收款的任务不仅是尽量使顾客早付款，而且要尽快地使这些付款转化为可用现金。（　）

10.要制定最优的信用政策，应把信用标准、信用条件、收账政策结合起来，考虑其综合变化对销售额、应收账款机会成本、坏账成本和收账成本的影响。（　）

11.当企业进行存货规划时，保险储备的存在会影响经济订货批量的计算，同时会影响再订货点的确定。（　）

12.能够使企业的进货成本、储存成本和缺货成本之和最低的进货批量，便是经济进货批量。（　）

13.因为货币资金的管理成本是相对固定的，所以当确定货币资金最佳持有量时，可以不用考虑它的影响。（　）

14.在正常业务活动现金需要量的基础上，追加一定数量的现金余额以应付未来货币资金流入和流出的随机波动，这是出于投机动机。（　）

15.企业在不影响自己信誉的前提下，尽可能地推迟应付账款的支付期，是企业日常货币资金管理的措施之一。（　）

16.一般来讲，当某种存货品种数量比例达到70%时，可将其划分为A类存货，进行重点管理和控制。（　）

17.在存货的ABC分类管理法下，应当重点管理的是虽然品种数量较少，但金额较大的存货。（　）

18.企业为满足交易动机所持有的货币资金余额主要取决于企业的销售水平。（　）

19.应收账款的机会成本的大小与企业维持赊销业务所需要的资金和资本成本有关。（　）

20.在存货模式下，持有货币资金的机会成本与现金固定性转换成本相等时的持有量为最佳货币资金持有量。（　）

21.在年需要量确定的情况下，经济订货批量越大，进货间隔期越长。（　）

22.现金折扣是企业为了鼓励顾客多买商品而给予的价格优惠，每次购买的数量越多，价格也就越便宜。（　）

23.企业花费的收账费用越多，坏账损失就一定减少。（　）

24.在确定信用标准时，只要提供商业信用增加的成本低于扩大销售增加的利益，企业就可以进一步提供商业信用。（　）

25.配合型组合筹资策略以长期资金来满足部分永久性资产的需要，而余下的永久性资产和临时性资产则用短期资金来满足。（　）

26.营运资金具有多样性、波动性、短期性、变动性和不易变现性等特点。（　）

27.应付账款是供应商给企业的一种商业信用，采用这种融资方式是没有成本的。（　）

28. 应收账款保理，从风险角度看，有追索权的保理相对于无追索权的保理对供应商更有利，对保理商更不利。（　　）

29. 存货管理的目标是在保证生产和销售需要的前提下，最大限度地降低存货成本。（　　）

30. 企业持有的现金总额就是各种动机所需的现金余额之和。（　　）

五、计算题

1. 某公司预计全年需要现金8 000元，现金与有价证券的转换成本为每次400元，有价证券的利息率为25%。

要求：计算该公司的最佳现金余额。

2. 某公司每年需要某种原材料600吨，每次订货的固定成本为8 000元，每吨原材料的年储存保管费用为6 000元。每吨原材料的价格为800元，但如果一次订购超过50吨，可得到2%的批量折扣。

要求：计算该公司应以多大批量订货。

3. 某企业平均每天消耗甲材料30千克，预计每天最大消耗量为50千克。甲材料从发出订单到货物验收完毕平均需要10天，预计最长需要13天。

要求：计算甲材料的再订货点。

4. 若企业的原材料购买和产品销售均采用信用方式，其应收账款的平均收账期为80天，应付账款的平均收账期为95天，从原材料购买到产成品销售的期限为105天。

要求：

（1）计算该公司的现金周转期。

（2）计算该公司的现金周转次数。

（3）若该公司现金年度需求量为480万元，则计算最佳现金持有量。

5. 某公司预测2021年度销售收入净额为4 500万元，现销与赊销比例为1:4，应收账款平均收账天数为60天，变动成本率为50%，企业的资本成本为10%。

要求：

（1）计算2021年度赊销额。

（2）计算2021年度应收账款平均余额。

（3）计算2021年度维持赊销业务所需要的资金额。

（4）计算2021年度应收账款的机会成本。

（5）若2021年应收账款需控制在400万元左右，在其他因素不变的情况下，应收账款平均收账天数应调整为多少天？

第二部分　自测习题参考答案

一、名词解释

1. 营运资金

营运资金是指流动资产减去流动负债后的余额。

2.存货

存货是指企业在生产经营过程中为销售或者耗用而储备的物资，包括材料、燃料、低值易耗品、在产品、半成品、产成品、商品等。

3.现金机会成本

现金机会成本是指企业因持有一定现金余额而丧失的再投资收益。

4.现金转换成本

现金转换成本是指企业用现金购入有价证券以及转让有价证券换取现金时付出的费用，即现金同有价证券之间相互转换的成本，如委托买卖佣金、手续费、过户费等。

5.信用条件

信用条件是指企业接受客户信用订单时所提出的付款要求，主要包括信用期限、折扣期限和现金折扣等。

6.经济订货批量

经济订货批量是指一定时期储存成本和订货成本总和最低的采购批量。

7.再订货点

再订货点是指订购下一批存货时本批存货的储存量。

8.订货成本

订货成本是指订购材料、商品而发生的成本。

9.储存成本

储存成本是指在物资储存过程中发生的仓储费、搬运费、保险费、占用资金支付的利息费等。

二、单项选择题

1.C	2.A	3.C	4.C	5.C
6.C	7.A	8.C	9.C	10.B
11.D	12.B	13.D	14.A	15.C
16.D	17.B	18.A	19.B	20.C
21.C	22.B	23.A	24.B	25.B
26.D	27.D	28.B	29.C	30.D

难点解析：

1.企业为应付紧急情况而需要保持的现金余额基于预防动机，它主要取决于：企业愿意承担风险的程度、企业临时举债能力的强弱、企业对现金流量预测的可靠程度。企业销售水平与需要保持的现金余额无关。

2. $\frac{500}{10}\times 60\%\times 8\% = 2.4$（万元）

3.考查知识点“5C”信用评价系统。

4.$60\%\times 10 + 30\%\times 20 + 10\%\times 40 = 16$（天）

5.企业应收账款相关成本包括机会成本、管理成本、坏账成本。

6.$Q^{*} = \sqrt{\frac{2AF}{C}} = \sqrt{\frac{2\times 240\times 40}{12}} = 40$（吨）

最佳进货次数 $=\frac{A}{Q^*}=\frac{240}{40}=6$（次）

10.企业资产总额不变，增加固定资产，经营风险增加，盈利增加。

11.“2”为现金折扣；“10”为折扣期限；“30”为信用期限。

13.最佳经济订货批量是指存货总成本最低时的采购批量。

14.保险储备S $=\frac{1}{2}(20\times20-10\times10)=150$（件）

再订货点R $=\frac{1}{2}(20\times20+10\times10)=250$（件）

17. $\frac{2\%}{1-2\%}\times\frac{360}{40-10}=24.49\%$

19.信用期限越长，客户享有的信用条件越优越，企业的坏账风险就越高，企业的应收账款平均余额也越大，其机会成本也越高。

20. $\frac{7\ 200-3\ 600}{360\div60}\times60\%=360$（万元）

应收账款所占用的资金增加360万元，应收账款机会成本增加36万元。

21.现金折扣与商业折扣有区别。商业折扣是企业为了促进销售，给予客户不同购买规模的价格折让。现金折扣是企业为了更早收回应收账款，给予客户的收款折让。

22.货币资金周转期=应收账款周转期+存货周转期−应付账款周转期=70+80−30=120（天）

23.减少存货、减少应收账款以及增加应付账款能够加快现金周转。

24.购货商知晓供应商将应收账款转让给保理商，合同涉及三方，因此是明保理。合同条款规定，如果购货商拒付款，保理商有权向供应商偿还资金，因此是带有追索权的保理。

26.再订货点 $=50\times5+100=350$（件）

28.现金管理成本具有固定成本的性质，在一定范围内与现金持有量关系不大，属于决策无关成本；放弃的再投资收益即机会成本属于变动成本，它与现金持有量成正比例关系；固定性转换成本与现金持有量成反比例关系；短缺成本与现金持有量反方向变动。

29.贴现法是指当银行向企业发放贷款时，先从本金中扣除利息部分，在贷款到期时借款企业偿还全部本金的一种计息方法。因此，选C。

30.放弃现金折扣的机会成本 $=\frac{折扣百分比}{1-折扣百分比}\times\frac{360}{信用期-折扣期}$

可见，放弃现金折扣的机会成本与现金折扣、折扣期成正方向变化，与信用期成反方向变化。

三、多项选择题

1.ABC	2.ABD	3.AC	4.AB	5.ABC
6.ACD	7.CD	8.ABCD	9.ABD	10.ABD
11.ABCD	12.ABD	13.ABCD	14.BCD	15.BCD
16.BC	17.ACD	18.CD	19.ABCD	20.BD

难点解析：

2.在银行维持补偿性余额属于预防性动机。

3.由公式$Q^*=\sqrt{\frac{2AF}{C}}$可看出，经济订货批量与存货年度总需求量、每次订货的成本成正比；与单位存货的年储存成本成反比。

7.应收账款的管理成本是指企业对应收账款进行管理而耗费的开支，主要包括对客户资信调查费用、收账费用和其他费用。选项A属于应收账款机会成本，因应收账款无法收回带来的损失属于坏账成本。

9."5C"信用评价系统是指品质（Character）、能力（Capacity）、资本（Capital）、抵押（Collateral）和条件（Condition）五个方面。

10.信用标准过高会降低企业市场占有率。

14.如果现金余缺大于最佳现金持有量，那么企业要将超过最佳现金持有量的资金或偿还借款本金，或支付利息，或短期投资购入有价证券等。选项A销售短期有价证券会使得企业现金继续增加。

15.缩短现金周转期的方式有加快制造与销售产成品，缩短应收账款和存货周转期，延长应付账款周转期。

16.对于成本模型，现金持有量越大，机会成本（持有成本）越大，短缺成本越小。

17.应收账款周转次数多，周转天数少，原因有可能是信用管理政策收紧。

18.存货周转次数增加，反映的信息有存货周转期缩短，存货流动性增强，资产管理效率提高。存货周转率对盈利能力不敏感，但存货周转速度加快，可能由产品畅销引起，盈利能力有可能增强。

19.存货的短缺成本包括材料供应中断造成的停工损失、成品供应中断导致延误发货的信誉损失以及丧失销售机会的损失等。如果能够以替代材料解决库存材料供应中断之急，那么缺货成本表现为替代材料紧急采购的额外开支。

20.在流动资产投资策略保守的情况下，会持有较高水平的流动资产，因此流动总资产与销售收入比率将较高，选项A错误。具有较高的流动性，选项B正确。流动资产比率高，固定资产比例相对低，营运风险较低，选项D正确。无法判断盈利能力，选项C错误。

四、判断题

1.×	2.√	3.×	4.×	5.×
6.√	7.×	8.×	9.√	10.√
11.×	12.√	13.√	14.×	15.√
16.×	17.√	18.√	19.√	20.√
21.√	22.×	23.×	24.√	25.×
26.×	27.×	28.×	29.√	30.×

难点解析：

1.企业努力把应收账款降低到最低水平，就要将信用标准设定得很高，这将降低企业的营业收入，从而影响利润。因此，企业要在应收账款与营业收入的影响中达到平衡，合理设定信用标准与信用条件。

3.企业向客户提供商业信用，必须考虑三个问题：客户是否会拖欠或拒付账款，程度如何；怎样最大限度地防止客户拖欠账款；一旦账款遭到拖欠甚至拒付，企业应采取怎样的对策。其中，第一个问题和第二个问题主要靠信用调查和严格信用审批制度；第三个问题则必须通过制定完善的收账方针，采取有效的收账措施予以解决。

4.企业的营运资金越多，风险越低，收益率越低。

5.企业现金管理的目的首先是保证日常生产经营业务的现金需求，其次是使现金获得最大收益。

7.如果一个企业的短期资产比较多，短期负债比较少，那么说明该企业的短期偿债能力较强。

8.赊销是扩大销售的有力手段之一，但赊销会增加应收账款的规模，增加坏账，因此，企业要在扩大销售与应收账款管理中找到平衡。

11.保险储备不会影响经济订货批量的计算，也不会影响再订货点。再订货点是由每天耗用量与预计达到时间等因素决定的。

14.在正常业务活动现金需要量的基础上，追加一定数量的现金余额以应付未来货币资金流入和流出的随机波动，这是出于预防性动机。

16.ABC控制法的分类标准是金额，不是数量。

22.商业折扣是企业为了鼓励顾客多买商品而给予的价格优惠，每次购买的数量越多，价格也就越便宜。现金折扣是鼓励顾客早支付货款而给予的折让。

23.收账费用存在一个饱和度，在达到饱和之前，增加收账费用，坏账损失减少；在达到饱和之后，继续增加收账费用，坏账损失不再减少。

25.配合型筹资策略性以长期资金来满足固定资产和永久性资产的需要，以短期资金来满足临时性资产的需要。

26.营运资金其中一个特点是易变现性，具有高流动性、周转速度快。

27.应付账款是一种商业信用，这种融资方式表面上看没有成本，但如果企业超过了销售方给予的信用期限，那么企业的信誉被销售方降低，从而会带来隐性成本。

28.应收账款保理，从风险角度看，有追索权的保理相对于无追索权的保理对保理商更有利，对供应商更不利。

30.由于各种动机所需的现金可以调节使用，因此，企业持有的现金总额并不等于各种动机所需现金余额的简单相加，前者通常小于后者。

五、计算题

1.解：

最佳现金余额 $N=\sqrt{\dfrac{2\times 8\,000\times 400}{25\%}}=5\,060$（元）

2.解：

经济批量$Q^*=\sqrt{\dfrac{2\times 8\,000\times 600}{6\,000}}=40$（吨）

（1）如果按经济批量订货，放弃折扣，那么总成本为：

$$\frac{600\times 8\,000}{40}+\frac{40\times 6\,000}{2}+600\times 800=720\,000\text{（元）}$$

（2）如果不按经济批量订货，取得数量折扣，那么总成本为：

$$\frac{600\times 8\,000}{50}+\frac{50\times 6\,000}{2}+600\times 800\times(1-2\%)=716\,400\text{（元）}$$

因此，公司应以50吨的批量订货。

3.解：

再订货点$=\dfrac{50\times 13+30\times 10}{2}=475$（千克）

4.解：

（1）现金周转期＝105＋80－95＝90（天）

（2）现金周转次数$=\dfrac{360}{90}=4$（次）

（3）最佳现金持有量$=\dfrac{480}{4}=120$（万元）

5.解：

（1）赊销额$=\dfrac{4\,500\times 4}{1+4}=3\,600$（万元）

（2）应收账款平均余额$=\dfrac{3\,600}{360}\times 60=600$（万元）

（3）维持赊销业务所需要的资金额＝600×50%＝300（万元）

（4）应收账款的机会成本＝300×10%＝30（万元）

（5）调整后的应收账款平均收账天数$=\dfrac{400\times 360}{3\,600}=40$（天）

第三部分 Excel在营运资金管理中的应用实训

一、实训目的

通过本实训使学生了解现金管理的内容和意义，能够使用Excel软件进行现金管理、应收账款管理等工作相关数据的计算和表格的编制。

二、实训原理

1.现金管理（存货模型）

最佳现金持有量$N^*=\sqrt{\dfrac{2Tb}{i}}$

2.应收账款管理

应收账款机会成本$=\dfrac{\text{赊销额}}{360}\times$平均收款期×变动成本率×机会成本率

坏账损失 = 赊销额 × 坏账损失率

三、实训内容

1. 现金管理

存货模型是指当企业最佳现金持有量确定时，用存货经济批量的原理来确定企业的现金持有量。此方法要求企业有较完整的财务预算，在一定时期内企业现金需要量可预知的基础上，便能用存货模型来确定企业最合理的现金资产的平均存量。

存货模型现金管理

举例：某公司全年需要现金4 000元，现金与有价证券的转换成本为每次100元，有价证券利率为20%，试计算最佳现金持有量为多少，年转换次数是多少，以及现金年持有成本、现金年转换成本、现金年总成本。

第一步，计算最佳现金持有量。在单元格B5中输入公式“=SQRT（2*B2*B3/B4）”，即可得到最佳现金持有量为2 000元，如图7-1所示。

B5   fx =SQRT(2*B2*B3/B4)

	A	B
1	最佳现金持有量的计算过程	
2	全年需要现金（元）	4,000.00
3	转换成本（元/次）	100.00
4	有价证券利率（%）	20%
5	最佳现金持有量（元）	2,000.00
6	转换次数（次）	
7	现金年持有成本（元）	
8	现金年转换成本（元）	
9	现金年总成本（元）	

图7-1　最佳现金持有量的计算

第二步，计算现金年转换次数，在单元格B6中输入公式“=B2/B5”，即可得到一年内企业需要从有价证券转换为现金的次数为2次。

第三步，在单元格B7中输入公式“=B5/2*B4”，在单元格B8中输入公式“=B2/B5*B3”，在单元格B9中输入公式“=B7+B8”，即可得到现金年持有成本为200元，现金年转换成本为200元，现金年总成本为400元，如图7-2所示。

	A	B
1	最佳现金持有量的计算过程	
2	全年需要现金（元）	4,000.00
3	转换成本（元/次）	100.00
4	有价证券利率（%）	20%
5	最佳现金持有量（元）	2,000.00
6	转换次数（次）	2
7	现金年持有成本（元）	200.00
8	现金年转换成本（元）	200.00
9	现金年总成本（元）	400.00

图7-2　现金年持有成本、现金年转换成本、现金年总成本的计算

2.应收账款管理

应收账款作为企业为增加销售和盈利而进行的投资，必然会发生一定的成本。应收账款的成本主要有：

应收账款管理

（1）应收账款的机会成本

应收账款会占用企业一定量的资金，而企业若不把这部分资金投放于应收账款，便可以用于其他投资并可能获得收益，例如，投资债券获得利息收入。这种因投放于应收账款而放弃其他投资所带来的收益，即为应收账款的机会成本。

（2）应收账款的管理成本

应收账款的管理成本主要是指当企业对应收账款进行管理时，所增加的费用，主要包括：调查顾客信用状况的费用、收集各种信息的费用、账簿的记录费用、收账费用等。

（3）应收账款的坏账成本

在赊销交易中，债务人由于种种原因无力偿还债务，债权人就有可能无法收回应收账款而发生损失，这种损失就是坏账成本。可以说，企业发生坏账成本是不可避免的，而此项成本一般与应收账款的数量成正比。

举例：某企业预测2021年度赊销额为3 600万元，其信用条件是：N/30，变动成本率60%，资本成本为10%。假设企业收账政策不变，固定成本总额不变。该企业准备了三个信用条件的备选方案：A方案，维持N/30的条件；B方案，变成N/60的条件；C方案，变成n/90的条件。

各种备选方案估计的有关数据见表7-1。

表7-1　**信用条件备选方案表**　金额单位：万元

项　目	A	B	C
信用条件	N/30	N/60	N/90
年赊销额	3 600	3 960	4 200
应收账款平均收款天数(天)	30	60	90
坏账损失/年赊销额	2%	3%	6%
收账费用	36	60	144

第一步，计算各方案的变动成本。在单元格B5中输入“=B4*60%”，得到A方案的变动成本2 160元，并将单元格B5的公式套用到C5、D5，可求出B方案与C方案的变动成本分别为2 376元、2 520元，如图7-3所示。

B5　fx　=B4*60%

	A	B	C	D
1	信用条件分析表			
2	项目	A方案	B方案	C方案
3	信用条件	N/30	N/60	N/90
4	年赊销额（万元）	3,600.00	3,960.00	4,200.00
5	变动成本（万元）	2,160.00	2,376.00	2,520.00
6	扣除信用成本前收益（万元）			
7	信用成本：			
8	应收账款机会成本（万元）			
9	坏账损失（万元）			
10	收账费用（万元）	36.00	60.00	144.00
11	小计（万元）			
12	扣除信用成本后收益（万元）			

图7-3　各方案变动成本的计算

第二步，计算各方案的扣除信用成本前收益，公式为“扣除信用成本前收益=年赊销额-变动成本”。在单元格B6中输入“=B4-B5”，得到A方案的扣除信用成本前收益，并将单元格B6的公式套用到C6、D6。

第三步，计算应收账款机会成本。在单元格B8中输入“=B4/360*30*60%*10%”，其中“B4/360*30”为应收账款平均余额；“B4/360*30*60%”表示维持赊销业务所需资金；“B4/360*30*60%*10%”表示A方案的机会成本。在单元格C8中输入“=C4/360*60*60%*10%”，在单元格D8中输入“=D4/360*90*60%*10%”。

第四步，计算各方案的坏账损失，公式为“坏账损失=年赊销额×坏账损失率”。在单元格B9中输入“=B4*2%”，单元格C9中输入“=C4*3%”，单元格D9中输入“=D4*6%”。然后计算信用成本总额（小计）=应收账款机会成本+坏账损失+收账费用。在单元格B11中输入“=B8+B9+B10”，再将单元格B11的公式套用到C11、D11中，如图7-4所示。

B11 f_x =B8+B9+B10

	A	B	C	D
1	信用条件分析表			
2	项目	A方案	B方案	C方案
3	信用条件	N/30	N/60	N/90
4	年赊销额（万元）	3,600.00	3,960.00	4,200.00
5	变动成本（万元）	2,160.00	2,376.00	2,520.00
6	扣除信用成本前收益（万元）	1,440.00	1,584.00	1,680.00
7	信用成本:			
8	应收账款机会成本（万元）	18.00	39.60	63.00
9	坏账损失（万元）	72.00	118.80	252.00
10	收账费用（万元）	36.00	60.00	144.00
11	小计（万元）	126.00	218.40	459.00
12	扣除信用成本后收益（万元）			

图7-4 各方案的收账费用、信用成本总额（小计）的计算

第五步，扣除信用成本后收益=扣除信用成本前收益-小计。在单元格B12中输入“=B6-B11”，并将单元格B12的公式，套用到C12、D12，如图7-5所示。

B12 f_x =B6-B11

	A	B	C	D
1	信用条件分析表			
2	项目	A方案	B方案	C方案
3	信用条件	N/30	N/60	N/90
4	年赊销额（万元）	3,600.00	3,960.00	4,200.00
5	变动成本（万元）	2,160.00	2,376.00	2,520.00
6	扣除信用成本前收益（万元）	1,440.00	1,584.00	1,680.00
7	信用成本:			
8	应收账款机会成本（万元）	18.00	39.60	63.00
9	坏账损失（万元）	72.00	118.80	252.00
10	收账费用（万元）	36.00	60.00	144.00
11	小计（万元）	126.00	218.40	459.00
12	扣除信用成本后收益（万元）	1,314.00	1,365.60	1,221.00

图7-5 各方案扣除信用成本后收益的计算

根据图7-5可知，在这三种方案中B方案（N/60）的获利最大，方案B比方案A（N/30）增加收益51.6万元，比方案C（N/90）的收益要多144.6万元。因此，在其他条件不变的情况下，应选方案B。

第八章

利润分配

第一部分 自测习题

一、名词解释

1.股票股利

2.股权登记日

3.除息日

4.股利政策

5.剩余股利政策

6.固定股利政策

7.稳定增长股利政策

8.固定股利支付率政策

9.股票分割

10.股票回购

11.现金股利

12.股利宣告日

13.股利支付日

14.低正常股利加额外股利政策

二、单项选择题

1.公司拟为发行新股做准备，在这种情况下应采用（　　）。

A.现金股利　　B.股票股利

C.股票分割　　D.股票回购

2.某企业需投资100万元，目前企业的负债率为40%，现有盈利130万元，如果采用剩余股利政策，那么需支付股利（　　）万元。

A.40　　B.52

C.60　　D.70

3.能够体现"利多多分、利少少分、无利不分"原则的股利分配政策是（　　）。

A.固定或稳定增长的股利政策　　B.剩余股利政策

C.低正常股利加额外股利政策　　D.固定股利支付率政策

4.在利润分配应遵循的原则中，（　　）是正确处理投资者利益关系的关键。

A.依法分配原则　　B.兼顾各方面利益原则

C.分配与积累并重原则　　D.投资与收益对等原则

5.下列在确定公司利润分配政策时应考虑的因素中，不属于股东因素的是（　　）。

A.规避风险　　B.稳定收入

C.防止公司控制权旁落　　D.公司未来的投资机会

6.（　　）的依据是股利无关论。

A.剩余股利政策　　B.固定股利政策

C.固定股利支付率政策　　D.低正常股利加额外股利政策

7.在下列关于库存股的论述中，正确的是（　　）。

A.我国上市公司回购股票可以作为库存股

B.库存股不能用于实施股权激励计划

C.公司可以长期持有库存股

D.库存股不能享有与正常的普通股相同的权利

8.某公司2021年度净利润为4 000万元，预计2022年投资所需的资金为2 000万元，假设目标资本结构是负债资金占60%，企业按照15%的比例计提盈余公积，公司采用剩余股利政策发放股利，则2022年度企业可向投资者支付的股利为（　　）万元。

A.2 600　　B.3 200

C.2 800　　D.2 200

9.（　　）适用于经营比较稳定或正处于成长期、信誉一般的公司。

A.剩余股利政策　　B.固定股利政策

C.固定股利支付率政策　　D.低正常股利加额外股利政策

10.（　　）既可以在一定程度上维持股利的稳定性，又有利于企业的资本结构达到目标资本结构，使灵活性与稳定性较好结合。

A.剩余股利政策　　B.固定股利政策

C.固定股利支付率政策　　D.低正常股利加额外股利政策

11.上市公司发放现金股利的原因不包括（　　）。

A.投资者偏好　　B.减少代理成本

C.传递公司的未来信息　　D.减少公司所得税负担

12.（　　）是领取股利的权利与股票相互分离的日期。

A.股利宣告日　　B.股权登记日

C.除息日　　D.股利支付日

13.股票股利与股票分割的区别在于（　　）。

A.股东的持股比例是否变化

B.所有者权益总额是否变化

C.所有者权益结构是否变化

D.股东所持股票的市场价值总额是否变化

14.股票回购的方式不包括（　　）。

A.向股东标购　　B.用普通股换回债券

C.与少数大股东协商购买　　D.在市场上直接购买

15.在下列各项中，能够增加普通股股票发行在外股数，但不改变公司资本结构的行为是（　　）。

A.支付现金股利　　B.增发普通股

C.股票分割　　D.股票回购

16.如果上市公司以其应付票据作为股利支付给股东，那么这种股利称为（　　）。

A.现金股利　　B.股票股利

C.财产股利　　D.负债股利

17.“为充分保护投资者的利益，企业必须在有可供分配留存收益的情况下才进行收益分配”所体现的分配原则是（　　）。

A.资本保全原则　　B.利益兼顾原则

C.依法理财原则　　D.投资与收益对等原则

18.公司的法定公积金应当从（　　）中提取。

A.利润总额　　B.税后净利润

C.营业利润　　D.营业收入

19.公司提取的公积金不能用于（　　）。

A.弥补亏损　　B.扩大生产经营

C.增加注册资本　　D.集体福利支出

20.下面的（　　）是确定投资者是否有权领取本次股利的日期。

A.股利宣布日　　B.股权登记日

C.除息日　　D.股利发放日

21.下列（　　）是一种投资优先的股利政策。

A.剩余股利政策　　B.固定股利政策

C.固定股利支付率政策　　D.低正常股利加额外股利政策

22.下列关于股票分割的论述正确的是（　　）。

A.股票分割可以增加股东财富

B.股票分割不会使股票价格下降

C.股票分割可使股票股数增加，但股票面值不变

D.股票分割不会影响到资产负债表中股东权益各项金额的变化

23.厌恶风险的投资者偏好确定的股利收益，不愿将收益存在公司内部去承担未来的投资风险，因此公司采用高现金股利政策有利于提升公司价值，这种观点的理论依据是（　　）。

A.代理理论　　B.所得税差异理论

C.信号传递理论　　D.“一鸟在手”理论

24.下列各项，属于固定股利支付率政策的优点是（　　）。

A.股利与公司盈余紧密地配合　　B.有利于树立公司的良好形象

C.股利分配有较大灵活性　　D.有利于稳定公司的股价

25.要获得收取股利的权利，投资者购买股票的最迟日期是（　　）。

A.股利宣告日　　B.股利发放日

C.除息日　　D.股权登记日

26.股票回购对上市公司的影响是（　　）。

A.有利于保护债权人利益　　B.分散控股股东的控制权

C.有利于降低公司财务风险　　D.降低资产流动性

27.下列各项，受企业股票分割影响的是（　　）。

A.每股股票价值　　B.股东权益总额

C.企业资本结构　　D.股东持股比例

28.某股利分配理论认为，由于对资本利得收益征收的税率低于对股利收益征收的税率，因此，企业应采用低股利政策。该股利分配理由是（　　）。

A.代理理论　　B.信号传递理论

C."一鸟在手"理论　　D.税收效应理论

29.长江公司没有优先股，2021年实现净利润200万元，发行在外的普通股加权平均数为100万股，年末每股市价为20元，该公司实行固定股利支付政策，2020年每股发放股利为0.4元，该公司净利润增长率为10%。则下列说法不正确的是（　　）。

A.2021年每股收益为2元　　B.2021年每股股利为0.44元

C.2021年每股股利为0.4元　　D.2021年年末公司市盈率为10

30.公司采用固定股利政策或稳定增长股利政策发放股利的好处主要表现在（　　）。

A.降低资本成本　　B.维持股价稳定

C.提高支付能力　　D.实现资本保全

三、多项选择题

1.如果公司认为目前本公司的股票市价较高，想要降低股票价格，那么该公司可以采用的方式有（　　）。

A.发放股票股利　　B.发放现金股利

C.进行股票分割　　D.回购股票

2.可以改变企业财务结构的方式有（　　）。

A.现金股利　　B.股票股利

C.财产股利　　D.股票分割

3.股票回购对公司所产生的影响有（　　）。

A.每股盈余不变　　B.股价不变

C.流通在外的普通股股数减少　　D.公司库存股份增加

4.在确定利润分配政策时须考虑股东因素，其中主张限制股利是出于（　　）。

A.稳定收入考虑　　B.避税考虑

C.控制权考虑　　D.规避风险考虑

5.固定股利支付率政策的优点包括（　　）。

A.使股利与企业盈余紧密结合　　B.体现投资风险与收益的对等

C.有利于稳定股票价格　　D.缺乏财务弹性

6.企业选择股利政策类型时通常需要考虑的因素包括（　　）。

A.企业所处的成长与发展阶段　　B.股票的价格

C.目前的投资机会　　D.企业的信誉状况

7.关于股票股利的说法正确的有（　　）。

A.发放股票股利便于今后配股融通更多的资金和刺激股价

B.发放股票股利不会引起所有者权益总额的变化

C.发放股票股利会引起所有者权益内部结构的变化

D.发放股票股利没有改变股东的持股比例，但是改变了股东所持股票的市场价值总额

8.在下列各项中，属于企业进行收益分配应遵循的原则有（　　）。

A.依法分配原则　　B.资本保全原则

C.分配与积累并重原则　　D.投资与收益对等原则

9.公司提取的公积金可以用于（　　）。

A.弥补亏损　　B.扩大生产经营

C.转增公司股本　　D.转增公司资本公积

10.我国股份有限公司可以采取的股利形式包括（　　）。

A.现金股利　　B.股票股利

C.财产股利　　D.负债股利

11.影响股利政策的因素有（　　）。

A.法律因素　　B.债务契约因素

C.公司自身因素　　D.股东因素

12.公司进行股票分割的主要动机是（　　）。

A.通过股票分割降低股票价格　　B.向投资者传递未来业绩增长的信号

C.为以后发行新股筹资做准备　　D.为股东增加财富

13.公司进行股票回购的动机主要有（　　）。

A.传递股价被低估的数据　　B.为股东避税

C.满足认股权的行使　　D.预防或抵制敌意并购

14.股票回购的主要方式有（　　）。

A.公开市场回购　　B.要约回购

C.协议回购　　D.强制回购

15.下列关于发放股票股利的表述，正确的有（　　）。

A.不会导致公司现金流出　　B.会增加公司流通在外的股票数量

C.会改变公司股东权益的内部结构　　D.会对公司股东权益总额产生影响

16.下列各项股利政策，股利水平与当期盈利直接关联的有（　　）。

A.固定股利政策　　B.稳定增长股利政策

C.固定股利支付率政策　　D.低正常股利加额外股利政策

17.下列各项，属于剩余股利政策优点的有（　　）。

A.保持目标资本结构　　B.降低再投资资本成本

C.使股利与企业盈余紧密结合　　D.实现企业价值的长期最大化

18.下列各项，属于盈余公积用途的有（　　）。

A.弥补亏损　　B.转增股本

C.扩大经营　　D.分配股利

19.从公司的角度看，制约股利分配的因素主要有（　　）。

A.控制权的稀释　　B.举债能力的强弱

C.盈余的变化　　D.潜在的投资机会

20.采用低正常股利加额外股利政策的理由是（　　）。

A.向市场传递公司正常发展的信息

B.使公司具有较大的灵活性

C.使依赖股利度日的股东有比较稳定的收入，从而吸引住这部分股东

D.避免产生巨大的财务压力

四、判断题

1.发放股票股利后，股东持有的股票数量增加，所以股东财富增加。（　　）

2.公司的股利分配方案由股东大会决定，债权人不得干预。（　　）

3.股票分割属于某种股利支付方式，其产生的效果与发放股票股利十分相近。（　　）

4.资本积累约束要求企业发放的股利或投资分红不得来源于原始投资（或股本），而只能来源于企业当期利润或留存收益。（　　）

5.处于成长期的公司多采取多分少留的股利政策，而陷入经营收缩的公司多采取少分多留的股利政策。（　　）

6.股利分配的税收效应理论认为股利政策不仅与股价相关，而且由于税负的影响，企业应采用高股利政策。（　　）

7.股份有限公司利润分配的顺序是：提取法定盈余公积、提取任意盈余公积、弥补以前年度亏损、向投资者分配利润或股利。（　　）

8.通常在除息日之前进行交易的股票，其价格高于在除息日后进行交易的股票价格。（　　）

9.出于稳定收入考虑，股东最不赞成固定股利支付率政策。（　　）

10.在高速发展阶段，企业往往需要大量的资金，此时适合采用剩余股利政策。（　　）

11.公司发生年度亏损可以在以后5年内用税前利润弥补。（　　）

12.公司用公积金转增股本后，所留存的法定公积金不能低于转增前公司注册资本的25%。（　　）

13.股份有限公司依法回购的股份，可以参与利润分配。（　　）

14.投资者在除息日购入的股票无权领取本次股利。（　　）

15.公司分派股票股利会增加现金流出量。（　　）

16.投资者在宣告日以后购买股票就不会得到最近一次股利。（ ）

17.投资者只有在除息日之前购买股票，才能领取最近一次股利。（ ）

18.公司的现金流量会影响到股利的分配。（ ）

19.采取剩余股利政策，首先要确定企业的最佳资本结构。（ ）

20.采用剩余股利政策可以保证公司各年的股利水平比较均衡。（ ）

21.固定股利政策可以向投资者传递公司经营状况稳定的信息。（ ）

22.固定股利支付率政策可能会使各年股利波动较大。（ ）

23.公司采用股票股利进行股利分配，会减少公司的股东权益。（ ）

24.公司进行股票回购可以预防或抵制敌意并购。（ ）

25.当公司处于经营稳定或成长期，对未来的盈利和支付能力可作出准确判断并具有足够把握时，可以考虑采用稳定增长的股利政策，以增强投资者的信心。（ ）

26.在股利支付程序中，除息日是指领取股利的权利与股票分离的日期，在除息日持有股票的股东有权参与当次股利的分配。（ ）

27.由于信息不对称和预期差异，因此，投资会把股票回购当做公司认为其股票价格被高估的信号。（ ）

28.股票分割会使股票的每股市价下降，可以提高股票的流动性。（ ）

29.只要企业有足够的现金就可以支付现金股利。（ ）

30.股利分配的信号传递理论认为股利政策是协调股东与管理者之间代理关系的一种约束机制。（ ）

五、计算题

1.海虹股份公司2021年的税后利润为1 500万元，确定的目标资本结构为：债务资本占60%，股权资本占40%。假设2022年该公司有较好的投资项目，需要投资800万元，该公司采取剩余股利政策。

要求：计算该公司应当如何筹资和分配股利。

2.某公司2022年拟投资2 000万元引进一条生产线以扩大生产能力，该公司的目标资本结构为自有资金占60%，借入资金占40%。该公司2021年度的税后利润为1 000万元，继续执行固定股利政策，该年度应分配的股利为300万元。

要求：计算2022年度该公司为引进生产线需要从外部筹集资金的数额。

3.某公司2020年的税后利润为1 200万元，分配的现金股利为420万元。2021年的税后利润为900万元。预计2022该公司的投资计划需要资金500万元。该公司的目标资本结构为自有资金占60%，债务资金占40%。

要求：

（1）如果采取剩余股利政策，计算该公司2021年应分配的现金股利额；

（2）如果采用固定股利政策，计算该公司2021年应分配的现金股利额；

（3）如果采用固定股利支付率政策，计算该公司2021年应分配的现金股利额；

（4）如果采取低正常股利加额外股利政策，该公司2020年的现金股利为正常股利额，计算该公司2021年应分配的现金股利额。

4.长江公司2021年年末股东权益见表8-1。目前西海公司的股票价格为60元/股。

表8-1 长江公司股东权益

2021年12月31日 单位：万元

项目	金额
股本（面值10元，5 000万股）	50 000
资本公积	34 000
盈余公积	36 000
未分配利润	35 000
股东权益合计	155 000

要求：在公司采用以下不同股利分配方案情况下，股东权益、股本数额会发生怎样的变化？如果不考虑信号效应，股价会如何变化？

（1）每10股用资本公积转增2股、分派股票股利3股。

（2）公司决定采用现金股利分配方案，每股分配现金股利1.20元。

（3）为了增加股票的流动性，公司决定进行股票分割，1股普通股分割为2股。

六、案例分析题

分红与回购相关指标计算

长江公司是一家上市公司，有关资料如下：

资料一：2022年3月31日长江公司股票每股市价20元，每股收益1.5元；股东权益项目构成如下：普通股5 000万股，每股面值1元，共计5 000万元；资本公积1 000万元；留存收益9 000万元。目前国债利息率为2%，市场组合平均收益率为10%。

资料二：2022年4月5日，长江公司公布的2021年度分红方案为：每10股送2股派发现金红利10元（含税），转增1股，即每股送0.2股派发现金红利1元（含税，送股和现金红利均按10%代扣代缴个人所得税），转增0.1股。股权登记日，2022年4月15日（注：该日收盘价为18元）；除权（除息）日，2022年4月16日；新增可流通股份上市流道日，2022年4月17日；享有本次股息分红的股东可于5月16日领取股息。

要求：

（1）若长江公司股票所含系统风险是市场组合的风险的0.8倍，结合资料一运用资本资产定价模型计算股票的资本成本。

（2）若股票股利按面值确定，结合资料二完成分红方案后的下列指标：

①普通股股数；

②股东权益各项目的数额；

③在除权（除息）日的该公司股票的除权参考价。

（3）假定2022年3月31日长江公司准备用现金按照每股市价20元回购1 000万股股票，且假设回购前后公司净利润与市盈率保持不变，结合资料一（不考虑资料二）计算下列指标：

①股票回购之后的每股收益；

②股票回购之后的每股市价。

第二部分 自测习题参考答案

一、名词解释

1.股票股利

股票股利，是指企业以股票形式发放的股利，即以股票作为股利的一种形式，按股东股份的比例发放。

2.股权登记日

股权登记日是指有权领取股利的股东资格登记截止日期，只有在股权登记日这一天在企业股东名册上有名的股东，才有权分享股利。

3.除息日

除息日是指领取股利的权利与股票相互分离的日期。

4.股利政策

股利政策是指在法律允许的范围内，企业是否发放股利、发放多少股利以及何时发放股利的方针及政策。

5.剩余股利政策

剩余股利政策是根据一定的目标资本结构（最优资本结构），测算出投资所需的权益资本，并将其先从盈余中留用，然后将剩余的盈余作为股利予以分配。

6.固定股利政策

固定股利政策是将每年发放的股利固定在某一水平上并在较长的时期内保持不变，只有当企业认为未来盈余会显著地、不可逆转地增长时，才提高年度的股利发放额。

7.稳定增长股利政策

稳定增长股利政策是指企业在支付一定金额股利的基础上，确定一个目标增长率，依据企业盈利水平按目标增长率逐步提高股利支付水平，以抵消通货膨胀的不利影响。

8.固定股利支付率政策

固定股利支付率政策是指企业确定一个固定的股利占盈余的比例，并且每年按这一固定比例支付股利给股东。

9.股票分割

股票分割（又称拆股），是指将高面额股票拆换为低面额股票的行为。

10.股票回购

股票回购，是指股份有限公司出资重新购回已发行在外股票的行为。

11.现金股利

现金股利，是指股份制企业以现金的形式发放给股东的股利，这是最常见的股利支付方式。

12.股利宣告日

股利宣告日，是指企业董事会将股利支付情况予以公告的日期。

13.股利支付日

股利支付日，是指企业向股东支付股利的日期。

14.低正常股利加额外股利政策

低正常股利加额外股利政策，是介于固定股利政策和固定股利支付率政策之间的一种折中的股利政策。这种股利政策主张企业每年只支付固定数额的较低股利，在企业经营业绩非常好的年份，根据企业的经营状况确定额外的增长股利，除了按期支付给股东低正常股利外，再加付额外股利给股东。

二、单项选择题

1.C	2.D	3.D	4.D	5.D
6.A	7.D	8.B	9.B	10.D
11.D	12.C	13.C	14.B	15.C
16.D	17.A	18.B	19.D	20.B
21.A	22.D	23.D	24.A	25.D
26.D	27.A	28.D	29.B	30.B

难点解析：

1.如果股票价格过高，那么股票分割可以使股票价格降低到合理的位置，从而吸引中小股东投资，为发行新股做准备。

2. 130−100×（1−40%）=70（万元）

3.固定股利支付率政策是指企业确定一个固定的股利占盈余的比例，并且每年按这一固定比例支付股利给股东的一种股利政策。能够体现“利多多分，利少少分，无利不分”原则。

4.投资与收益对等原则要求企业向投资者分配利润时必须做到：谁投资谁受益，受益大小和投资比例相适应。投资与收益对等原则能够正确处理投资者利益关系。

5.确定公司利润分配政策时应考虑的股东因素包括：控制权考虑、避税考虑、稳定收入考虑、规避风险考虑。选项D公司未来的投资机会属于企业因素。

6.剩余股利政策的依据是股利无关论；固定股利政策、固定股利支付率政策、稳定增长股利政策、低正常股利加额外股利政策的依据是股利相关论。

7.上市公司在股票回购完成后可以注销其股票，也可以进行转让，包括用于员工持股计划或者股权激励，以及采用集中竞价方式减持等。上市公司持有库存股期限不能超过三年。

8.剩余股利政策是指当有良好的投资机会时，公司根据目标资本结构，测算出投资所需的权益资本额，先从盈余中留用，然后将剩余的盈余作为股利来分配，即净利润首先满足公司的资金需求，如果还有剩余，那么就派发股利；如果没有剩余，那么就不派发股利。4 000－2 000×(1－60%)＝3 200（万元）。因此，2022年度企业可向投资者支付的股利为3 200万元。注意提取的盈余公积已经包含在企业留下的800万元中，因此不必再单独考虑。

9.固定股利政策适用于经营比较稳定或正处于成长期、信誉一般的企业。

11.企业先缴纳企业所得税，得到净利润，再分配股利。因此，如何分配股利，不影响企业所得税。

13.股票股利使得股东权益内部结构发生变化，股票分割不影响所有者权益结构。

14.股票回购包括公开市场回购、要约回购、协议回购三种方式。

选项A向股东标购属于要约回购；选项C与少数大股东协商购买属于协议回购；选项D在市场上直接购买属于公开市场回购。

16.负债股利是指企业通过向股东负债的形式来代替股利发放的一种形式。

19.公积金不能用于集体福利支出。公益金可用于职工集体福利支出。

26.股票回购，企业货币资金减少，降低资产流动性，财务风险升高，不利于保护债权人利益。股票回购使得流通在外的普通股股数减少，从而保护控股股东的控制权。

28.税收效应理论又称所得税差异理论，该理论认为，资本利得收益比股利收益更有利于实现收益最大化目标，公司应当采用低股利政策。对资本利得收益征收的税率低于对股利收益征收的税率。再者，即使两者没有税率上的差异，由于投资者对资本利得收益的纳税时间选择更具弹性，因此，投资者仍可以享受延迟纳税带来的收益差异。

29.2021年每股收益＝200÷100＝2（元/股），所以选项A正确。公司实行固定股利政策，2021年每股股利等于2020年每股股利，则2021年每股股利为0.4元，所以选项B不正确，选项C正确。市盈率＝每股市价÷每股收益＝20÷2＝10，所以选项D正确。

三、多项选择题

1.AC	2.ABC	3.CD	4.BC	5.AB
6.ACD	7.ABC	8.ABCD	9.ABC	10.AB
11.ABCD	12.ABC	13.ABCD	14.ABC	15.ABC
16.CD	17.ABD	18.ABC	19.BCD	20.ABCD

难点解析：

1.发放股票股利和进行股票分割都可以降低股票价格。

2.股票分割不改变公司财务结构。

3.股票回购使得流动在外的普通股股数减少，公司库存股增加，股价升高，每股盈余升高。

4.出于控制权考虑，公司的股东往往主张限制股利的支付，以防止控制权旁落他人；一些高收入的股东出于避税考虑，往往要求限制股利的支付，以便从股价上涨中获利；为了获得稳定的收入，一些依靠定期股利生活的股东，往往要求企业支付稳定的股利，反对企业留存较多的利润；一些股东认为留存更多的留存收益引起股价上涨而获得的资本利得是有风险的，为了规避风险，他们往往要求支付较多的股利。

5.固定股利支付率政策的优点包括：使股利与企业盈余紧密结合；体现投资风险与收益的对等。固定股利支付率政策的缺点包括：不利于稳定股票价格；缺乏财务弹性。

7.发放股票股利的优点包括：①可将现金留存公司用于追加投资，同时减少筹资费用；②股票变现能力强，易流通，股东乐于接受；③可传递公司未来经营绩效的信号，增强经营者对公司未来的信心；④便于今后配股融通更多资金和刺激股价。发放股票股利不会引起资产的流出和负债的增加，也不会引起所有者权益总额的变化，但是会引起所有者权益内部结构的变化。发放股票股利会因普通股股数的增加而引起每股利润的下降，每股市价有可能因此而下跌，但发放股票股利后股东所持有股份的比例并未改变，每位股东所持有股票的市场价值总额仍保持不变。

12.股票分割不能直接为股东增加财富。如果股票分割向投资者传递未来业绩增长的信号，那么股票价格可能上涨，带来股东财富的增加，这不是股票分割的主要动机。

15.股票股利使得股东权益内部结构发生变化，但不会对股东权益总额产生影响。

16.固定股利政策与稳定增长股利政策不随当期利润的变化而变化。固定股利支付率政策随当期利润的变化而变化。当期利润的多少直接影响到低正常股利加额外股利政策的额外股利部分。

17.股利与企业盈余紧密结合是固定股利支付率政策的优点。

18.企业的盈余公积主要用于企业未来的经营发展，也可用于弥补亏损。但是，用盈余公积弥补亏损应当由董事会提议，经股东大会或类似机构批准；转增资本（股本），当提取的盈余公积累积较多时，企业可以将盈余公积转增资本（股本），但是必须经股东大会或类似机构批准，而且用盈余公积转增资本（股本）后，留存的盈余公积不得少于注册资本的25%。盈余公积不得用于以后年度的利润分配。

19.分配股利不会影响原股东所持股份份额，选项A错误。如果分配现金股利，那么会影响企业的流动性，从而影响了举债能力，减少了留存收益，选项B、C正确。如果企业有较好投资机会，那么企业可能会考虑减少股利，将利润留存企业，进行投资。选项D正确。

四、判断题

1.×	2.×	3.×	4.×	5.×
6.×	7.×	8.√	9.×	10.×
11.√	12.√	13.×	14.√	15.×
16.×	17.√	18.√	19.√	20.×
21.√	22.√	23.×	24.√	25.√
26.×	27.×	28.√	29.×	30.×

难点解析：

1.发放股票股利后，股东持有的股票数量增加，但除权日，股票价格降低，股东财富没有因为发放股票股利而增加。

2.本题考核股利分配时应考虑的因素。债权人可以在债务契约、租赁合同中加入关于借款公司股利政策的限制条款，来保证自身利益不受侵害。

3.股票分割能够降低股票价格，但股票分割不属于股利支付方式。

4.资本保全约束要求企业发放的股利或投资分红不得来源于原始投资（或股本），而只能来源于企业当期利润或留存收益。资本积累约束要求企业分配利润之前，必须提取法定盈余公积，鼓励提取任意盈余公积。

6.处于成长期公司，企业需要资金，往往采用少分多留的股利政策，而陷入经营收缩的公司，不需要继续大量投入资金，往往采用多分少留的股利政策。

7.利润分配顺序：弥补以前年度亏损、提取法定盈余公积、提取任意盈余公积、向投资者分配利润或股利。

8.通常在除息日之前进行交易的股票，其价格高于在除息日后进行交易的股票价格，其原因主要是在前种股票的价格中包含了应得的股利收入。

9.本题考核的是对各种股利政策内容的掌握。一些股东往往靠定期的股利维持生活，因而他们要求公司能够支付稳定的股利，反对公司留存较多的利润。在采用固定股利支付率政策、固定股利政策或使用正常股利加额外股利政策的情况下，公司不会出现有盈利而不发放股利的情况。而在采用剩余股利政策的情况下，公司生产经营所获得的税后利润首先应较多地考虑满足公司有利可图的投资项目的需要，即增加资本或公积金，只有当增加的资本额达到预定的目标资本结构（最佳资本结构）后，如果有剩余，再派发股利。因此这意味着在剩余股利政策下，即使公司有盈利，也不一定会分配股利。

10.在高速发展阶段，企业往往需要大量的资金，此时适用于采用低正常股利政策。

13.股份有限公司依法回购的股份，不可以参与利润分配。

15.公司分派股票股利不会影响现金流量，分派现金股利会增加现金流出量。

16.投资者在股权登记日以后购买股票就不会得到最近一次股利。

20.剩余股利政策不能保证各年股利均衡。

23.公司采取股票股利进行股利分配，会改变股东权益内部结构，但股东权益总额不发生变化。

26.只有在股权登记日这一天在企业股东名册上有名的股东，才有权分享股利。除息日当天交易持有股票的股东，不能参与当次股利的分配。除息日是股权登记日的下一个交易日。

29.当采用现金股利形式时，企业必须具备两个基本条件：要有足够的未指明用途的留存收益（未分配利润）；要有足够的现金。

30.代理理论认为股利政策有助于减缓管理者和股东之间，以及股东与债权人之间的代理冲突，也就是说，股利政策是协调股东与管理者之间代理关系的一种约束机制。

五、计算题

1.解：

第一，按目标资本结构需要筹集的股权资本。

$800 \times 40\% = 320$（万元）

第二，确定应分配的股利总额。

$1\,500 - 320 = 1\,180$（万元）

因此，海虹公司还应当筹集债务资本为：

$800 - 320 = 480$（万元）

2.解：

2021年度公司留用利润 $= 1\,000 - 300 = 700$（万元）

2022年度自有资金需要量 $= 2\,000 \times 60\% = 1\,200$（万元）

2022年度外部资金筹集金额 $= 1\,200 - 700 = 500$（万元）

3.解：

（1）2022年投资需要的自有资金为：

$500 \times 60\% = 300$（万元）

如果采用剩余股利政策，那么2021年的现金股利额为：

$900 - 300 = 600$（万元）

（2）如果采用固定股利政策，那么2021年应分配的现金股利额为420万元。

（3）如果采用固定股利支付率政策，那么该公司的固定股利支付率为：

$$\frac{420}{1\,200} \times 100\% = 35\%$$

2021年的现金股利额为：

$900 \times 35\% = 315$（万元）

（4）如果采用低正常股利加额外股利政策，那么2021年应分配的现金股利额为420万元。

4.解：

（1）资本公积 $= 34\,000 - 50\,000 \times \frac{2}{10} = 24\,000$（万元）

未分配利润 $= 35\,000 - 50\,000 \times \frac{3}{10} = 20\,000$（万元）

股本总额 $= 50\,000 + 10\,000 + 15\,000 = 75\,000$（万元）

股票股数 $= \frac{75\,000}{10} = 7\,500$（万股）

股东权益 $= 75\,000 + 24\,000 + 36\,000 + 20\,000 = 155\,000$（万元）

股价 $= 60 \times \frac{5\,000}{7\,500} = 40$（元/股）

（2）未分配利润 $=35\,000-1.2\times5\,000=29\,000$（万元）

股东权益 $=155\,000-6\,000=149\,000$（万元）

股本总额 $=50\,000$ 万元

股票股数 $=5\,000$ 万股

股价 $=60-1.2=58.8$（元/股）

（3）股东权益 $=155\,000$ 万元

股本总额 $=50\,000$ 万元

股票股数 $=5\,000\times2=10\,000$（万股）

股价 $=60\times\dfrac{5\,000}{10\,000}=30$（元/股）

股票面值 $=\dfrac{10}{2}=5$（元/股）

六、案例分析题

（1）长江公司股票的 β 系数 $=0.8$

长江公司资本成本 $=2\%+0.8\times(10\%-2\%)=8.4\%$

（2）①发放股票股利新增普通股股数 $=5\,000\times20\%=1\,000$（万股）

资本公积转增股本新增普通股股数 $=5\,000\times10\%=500$（万股）

分配后的普通股总股数 $=5\,000+1\,000+500=6\,500$（万股）

②股本 $=6\,500\times1=6\,500$（万元）

留存收益 $=9\,000-1\,000\times1-5\,000\times1=3\,000$（万元）

资本公积 $=1\,000-500\times1=500$（万元）

③除权参考价 $=\dfrac{\text{股权登记日收盘价}-\text{每股现金股利}}{1+\text{送股率}+\text{转股率}}=\dfrac{18-1}{1+20\%+10\%}=13.08$（元）

（3）①原有净利润 = 原有股数 × 原有每股收益 $=5\,000\times1.5=7\,500$（万元）

回购后净利润 $=7\,500$ 万元

回购后每股收益 $=\dfrac{\text{净利润}}{\text{回购后股数}}=\dfrac{7\,500}{5\,000-1\,000}=1.88$（元）

②市盈率 $=\dfrac{\text{回购前每股市价}}{\text{回购前每股收益}}=\dfrac{20}{1.5}=13.33$

回购后每股市价 = 回购后每股收益 × 市盈率 $=1.88\times13.33=25.06$（元）

第三部分 Excel在利润分配中的应用实训

一、实训目的

通过本实训使学生理解股利政策内容，能够建立剩余股利政策和固定股利支付率政策的Excel模型。

二、实训原理

1.剩余股利政策

应分配股利=当年净利润-下年追加投资×权益比例

2.固定股利政策

固定股利政策各年分配股利相等。

三、实训内容

1.剩余股利政策

剩余股利政策

剩余股利政策是指当企业拥有投资机会时，根据一定的目标资本结构(最优资本结构)，测算出投资所需权益资本，并将其先从盈余中留用，然后将剩余的盈余作为股利予以分配的股利政策。它是为维护企业最优资本结构而采用的政策模式。

举例：假设甲企业的资本中债务与资本的比率为4：6，企业维持资本结构保持不变，企业流通在外的普通股为200万股。企业2021年度可用于分配普通股股利的税后净利润是800万元。企业2022年的投资所需金额在投资机会“好”“一般”“差”的三种情况下分别为1 330万元、1 000万元和0元，企业采用剩余股利政策，如图8-1所示。要求：

（1）计算在不同投资机会情况下所需的权益资本数额。

（2）计算在不同投资机会情况下发放股利总额。

（3）计算在不同投资机会情况下的每股股利。

（4）计算在不同投资机会情况下的股利支付率。

	A	B
1	剩余股利政策	
2	甲企业债务占总资本比重（%）	40%
3	普通股股数（万股）	200
4	2021年度可用于分配的税后利润（万元）	800.00
5	投机机会“好”情况下投资所需资金（万元）	1,330.00
6	投机机会“一般”情况下投资所需资金（万元）	1,000.00
7	投机机会“差”情况下投资所需资金（万元）	0

图8-1 剩余股利政策下的股利分配的计算

第一步，计算各投资机会情况下所需的权益资本数额。选取单元格B15，输入公式“=B12*（1-$B$2）”（投资所需资金×权益资金所占总资本比重），可得到在投资机会“好”的情况下，甲企业所需的权益资本数额为798万元。然后将单元格B15的公式套用到C15至D15，如图8-2所示。

B15 fx =B12*(1-$B$2)

	A	B	C	D
9	甲企业不同投资水平下股利发放情况			
10	项目	投机机会		
11		好	一般	差
12	投资所需资金（万元）	1,330.00	1,000.00	0
13	总股数（万股）	200	200	200
14	可用于分配普通股股利的税后利润（万元）	800.00	800.00	800.00
15	所需的权益资本数额（万元）	798.00	600.00	0
16	发放股利总额（万元）			
17	每股股利（元）			
18	股利支付率（%）			

图8-2 各投资机会下所需的权益资本数额的计算

第二步，计算各投资机会情况下发放股利总额。选取单元格B16，输入公式“=B14-B15”（可用于分配普通股股利的税后利润-所需的权益资本数额），可得到在投资机会“好”的情况下，甲企业发放股利总额为2万元。然后将单元格B16的公式套用到C16至D16。

第三步，计算各投资机会情况下每股股利。在单元格B17中输入公式“=B16/$B$3”（股利总额/总股数），可得到在投资机会“好”的情况下，甲企业每股股利为0.01元。然后将单元格B17的公式套用到C17至D17。

第四步，计算各投资机会情况下的股利支付率。将单元格B18、C18、D18的格式设置为百分比，在单元格B18中输入公式“=B16/B14”（发放股利总额/税后利润），可得到投资机会“好”的情况下，甲企业的股利支付率为0.25%。然后将单元格B18的公式套用到C18至D18，如图8-3所示。

B18 fx =B16/B14

	A	B	C	D
9	甲企业不同投资水平下股利发放情况			
10	项目	投机机会		
11		好	一般	差
12	投资所需资金（万元）	1,330.00	1,000.00	0
13	总股数（万股）	200	200	200
14	可用于分配普通股股利的税后利润（万元）	800.00	800.00	800.00
15	所需的权益资本数额（万元）	798.00	600.00	0
16	发放股利总额（万元）	2.00	200.00	800.00
17	每股股利（元）	0.01	1.00	4.00
18	股利支付率（%）	0.25%	25.00%	100.00%

图8-3 各投资机会下的股利支付率的计算

从图8-3可以看出，股利支付率取决于企业投资机会和当年的获利情况。投资机会越多，用于支付现金股利的净利润越少；投资机会越少，满足投资需求后可用于支付现金股利的资金越多。

2.固定股利政策

固定股利政策是将每年发放的股利固定在某一水平上并在较长的时期内保持不变，只有当企业认为未来盈余会显著地、不可逆转地增长时，才提高年度股利发放额的一种股利政策。

固定股利政策

举例：东方公司2022年的投资所需资金为500万元，企业流通在外的普通股为200万股。东方公司2021年的税后利润根据营运情况分为“好”“一般”“差”三种情况，分别为800万元、550万元和200万元，企业采用固定股利政策，每股股利为0.8元，如图8-4所示。

要求：

（1）计算在不同投资机会情况下发放股利总额。

（2）计算在不同营运情况下所需的权益资本数额。

（3）计算在不同投资机会情况下需要从外部筹集资金总额。

（4）计算在不同投资机会情况下的股利支付率。

	A	B
1	固定股利政策	
2	普通股股数（万股）	200
3	每股股利（元）	0.8
4	投资所需资金（万元）	500.00
5	营运“好”情况下投资所需资金（万元）	800.00
6	营运“一般”情况下投资所需资金（万元）	550.00
7	营运“差”情况下投资所需资金（万元）	200.00

图8-4 固定股利政策下的股利分配的计算

第一步，计算在固定股利政策下，各营运情况发放的股利总额。在单元格B15中输入公式“=B14*$B$3”，得到当营运情况“好”时，发放股利总额为160万元。然后将单元格B15的公式套用到C15至D15，如图8-5所示。

B15 fx =B14*$B$3

	A	B	C	D
9	东方公司各营运情况下股利发放情况			
10	项目	营运情况		
11		好	一般	差
12	税后利润（万元）	800.00	550.00	200.00
13	投资所需资金（万元）	500.00	500.00	500.00
14	总股数（万股）	200	200	200
15	发放股利总额（万元）	160.00	160.00	160.00
16	所需的权益资本数额（万元）			
17	需要从外部筹集资金（万元）			
18	股利支付率（%）			

图8-5 各营运情况下发放股利总额的计算

第二步，计算在固定股利政策下各营运情况所需的权益资本数额。在单元格B16中输入公式“=IF（（B12-B15）>B13，B13，B12-B15）”，即当“（税后利润800万元-发放股利总额160万元）>投资所需资金500万元”时，所需的权益资本数额=投资所需资金=500万元。否则，发放股利后，只能通过权益资本筹集到一部分投资所需资金。然后将单元格B16的公式套用到C16至D16。

第三步，计算需要从外部筹集资金数额。在单元格B17中输入公式“=B13-B16”，即投资所需资金-所需的权益资金数额。然后将单元格B17的公式套用到C17至D17。

第四步，计算每股股利与股利支付率。对于固定股利政策而言，在各营运情况下每股股利均相等，等于0.8元/股。由“股利支付率=发放股利总额/税后利润”，将单元格B19、C19、D19的格式设置为百分比，在单元格B18中输入公式“=B15/B12”，即得到在营运情况“好”的情况下的股利支付率为20%。然后将单元格B18的公式套用到C18至D18，如图8-6所示。

可见，企业采用固定股利政策，税后利润高低与发放股利总额无关，每股股利是固定的。税后利润越高，股利支付率越低，需要从外部筹集的资金就越少。

固定股利政策适用于经营比较稳定或正处于成长期、信誉一般的企业。

B18 f_x =B15/B12

	A	B	C	D
9	东方公司各营运情况下股利发放情况			
10	项目	营运情况		
11		好	一般	差
12	税后利润（万元）	800.00	550.00	200.00
13	投资所需资金（万元）	500.00	500.00	500.00
14	总股数（万股）	200	200	200
15	发放股利总额（万元）	160.00	160.00	160.00
16	所需的权益资本数额（万元）	500.00	390.00	40.00
17	需要从外部筹集资金（万元）	0	110.00	460.00
18	股利支付率（%）	20.00%	29.09%	80.00%

图 8-6　各营运情况下每股股利与股利支付率的计算

第九章

财务分析

第一部分 自测习题

一、名词解释

1.比率分析法

2.比较分析法

3.速动比率

4.权益乘数

5.利息保障倍数

6.应收账款周转率

7.总资产周转率

8.市盈率

9.杜邦分析法

二、单项选择题

1.企业的财务报告不包括（　　）。

A.现金流量表　　B.资产负债表

C.利润表　　D.预算表

2.下列财务比率反映企业短期偿债能力的有（　　）。

A.现金流量比率　　B.资产负债率

C.偿债保障比率　　D.利息保障倍数

3.下列财务比率反映企业营运能力的有（　　）。

A.资产负债率　　B.流动比率

C.存货周转率　　D.资产报酬率

4.如果流动比率大于1，那么下列结论成立的是（　　）。

A.速冻比率大于1　　B.现金比率大于1

C.营运资本大于0　　D.短期偿债有绝对保障

5.运用资产负债表可计算的比率有（　　）。

A.应收账款周转率　　B.总资产报酬率

C.已获利息倍数　　D.现金比率

6.与资产负债率指标之和等于1的指标是（　　）。

A.权益乘数　　B.股东权益比率

C.产权比率　　D.资产长期负债率

7.某企业2021年的主营业务收入净额为36 000万元，流动资产平均余额为4 000万元，固定资产平均余额为8 000万元。假定没有其他资产，则该企业2021年的总资产周转率为（　　）次。

A.3.0　　B.3.4

C.2.9　　D.3.2

8.企业的应收账款周转率高，说明（　　）。

A.企业的信用政策比较宽松　　B.企业的盈利能力比较强

C.企业的应收账款周转速度较快　　D.企业的坏账损失较多

9.影响速动比率可信性的最主要因素是（　　）。

A.存货的变现能力　　B.短期证券的变现能力

C.产品的变现能力　　D.应收账款的变现能力

10.某公司年末会计报表上部分数据为：流动负债为60万元，流动比率为2，速动比率为1.2，销售成本为100万元，年初存货为52万元，则本年度存货周转次数为（　　）次。

A.1.65　　B.2

C.2.30　　D.1.45

11.股东权益报酬率是在杜邦分析体系中综合性最强、最具有代表性的指标，通过杜邦分析体系分析可知，提高股东权益报酬率的途径不包括（　　）。

A.加强销售管理，提高销售净利率　　B.加强资产管理，提高总资产周转率

C.加强负债管理，降低资产负债率　　D.加强负债管理，提高产权比率

12.产权比率与权益乘数的关系是（　　）。

A.产权比率×权益乘数=1

B.权益乘数=1÷(1－产权比率)

C.权益乘数=(1+产权比率)÷产权比率

D.权益乘数=1+产权比率

13.不直接影响股东权益报酬率的指标包括（　　）。

A.总资产周转率　　B.销售净利率

C.资产负债率　　D.流动比率

14.某企业年初资产总额为100万元，年末资产总额为140万元，净利润为24万元，所得税费用为9万元，利息费用为6万元，则总资产报酬率为（　　）。

A.27.5%　　B.20%

C.32.5%　　D.30%

15.某企业去年的销售净利率为5.5%，资产周转率为2.5；今年的销售净利率为4.5%，资产周转率为2.4。若两年的资产负债率相同，则今年的股东权益报酬率与去年相比的变化趋势为（　　）。

A.下降 B.不变

C.上升 D.难以确定

16.在下列财务比率中，既能反映企业资产综合利用的效果，又能衡量债权人权益和所有者权益的报酬情况的是（ ）。

A.销售利润率 B.总资产报酬率

C.产权比率 D.利息保障倍数

17.将积压的存货转为损失，将会（ ）。

A.降低速动比率 B.增加营运资金

C.降低流动比率 D.降低流动比率，也降低速动比率

18.（ ）指标是一个综合性最强的财务比率，也是杜邦系统的核心。

A.总资产净利率 B.股东权益报酬率

C.资产周转率 D.权益乘数

19.杜邦分析法主要用于（ ）。

A.偿债能力分析 B.营运能力分析

C.盈利能力分析 D.财务状况综合分析

20.在杜邦财务分析体系中，权益乘数（ ）。

A.只表示企业负债程度，与计算股东权益净利率无关

B.不表示企业负债程度，与计算股东权益净利率无关

C.既表示企业负债程度，又与计算股东权益净利率有关

D.不表示企业负债程度，与计算股东权益净利率有关

三、多项选择题

1.财务分析既是对已完成的财务活动的总结，又是财务预测的前提，在财务管理的循环中起着承上启下的作用。下列属于财务分析的目的是（ ）。

A.对企业当前财务运作进行调整和控制

B.可以提供解决问题的现成方法

C.对企业过去的财务状况和经营成果进行总结性分析和评价

D.预测未来企业财务运作的方向及其影响

2.应收账款周转率高表明（ ）。

A.收账迅速，账龄较短 B.资产流动性强，短期偿债能力强

C.库存现金增加 D.可以减少收账费用和坏账损失

3.下列各项，反映流动资产周转情况的指标有（ ）。

A.应收账款周转率 B.应收账款周转天数

C.流动资产周转率 D.存货周转天数

4.财务综合分析的方法主要有（ ）。

A.杜邦财务分析法 B.沃尔比重评分法

C.趋势分析法 D.因素分析法

5.影响股东权益报酬率的因素有（ ）。

A.销售净利率　　B.权益乘数

C.总资产周转率　　D.资产负债率

6.对企业进行财务分析的主要目的有（　　）。

A.评价企业的偿债能力　　B.评价企业的营运能力

C.评价企业的盈利能力　　D.评价企业的发展能力

7.财务分析按其分析方法的不同，可以分为（　　）。

A.比率分析法　　B.比较分析法

C.内部分析法　　D.趋势分析法

8.在下列财务比率中，可以反映企业短期偿债能力的有（　　）。

A.现金比率　　B.资产负债率

C.速动比率　　D.现金流量比率

9.在下列经济业务中，会影响流动比率的有（　　）。

A.销售产成品　　B.偿还应付账款

C.用银行存款购买固定资产　　D.用固定资产对外进行长期投资

10.杜邦分析系统主要反映的财务比率关系有（　　）。

A.股东权益报酬率与总资产报酬率及权益乘数之间的关系

B.总资产报酬率与销售净利率及总资产周转率之间的关系

C.销售净利率与净利润及销售收入之间的关系

D.总资产周转率与销售收入及资产总额之间的关系

四、判断题

1.一般来说，流动资产扣除存货后的资产称为速动资产。（　　）

2.资产负债率是反映企业短期偿债能力的指标。（　　）

3.速动比率较流动比率更能反映流动负债偿还的安全性，如果速动比率较低，那么企业的流动负债到期绝对不能偿还。（　　）

4.市盈率越高说明投资者对企业的发展前景越看好，投资者更愿意以较高的价格购买公司股票。（　　）

5.产权比率侧重于揭示企业财务结构的稳健程度以及自有资金对偿债风险的承受能力。（　　）

6.某公司今年与去年相比，销售收入增长10%，净利润增长8%，资产总额增加12%，负债总额增加9%。可以判断，该公司净资产收益率比上年上升了。（　　）

7.产权比率越高，表明企业的长期偿债能力越强，债权人承担的风险越低。（　　）

8.在总资产净利率不变的情况下，资产负债率越高，净资产收益率越高。（　　）

9.流动比率越高，表明企业的偿债能力越强，经营管理水平越高。（　　）

10.现金比率越大越好。（　　）

11.存货周转次数越多，表明企业的经营状况越好。（　　）

12.比率分析法是指利用财务报表中性质相同的指标进行对比分析。（　　）

13.企业的应收账款周转率越大，说明企业发生坏账损失的可能性越大。（　　）

14.通过杜邦分析系统可以分析企业的资本结构是否合理。（ ）

15.权益乘数的高低取决于企业的资本结构，资产负债率越高，权益乘数越高，财务风险越高。（ ）

五、计算题

1.某企业2021年的销售收入为20万元，毛利率为40%，赊销比例为80%，销售净利率为16%，存货周转率为5次，期初存货余额为2万元，期初应收账款余额为4.8万元，期末应收账款余额为1.6万元，速动比率为1.6，流动比率为2，流动资产占资产总额的28%，该企业期初资产总额为30万元。该公司期末无待处理流动资产损失。

要求：

（1）计算应收账款周转率。

（2）计算总资产周转率。

（3）计算资产净利率。

2.某企业年销售额（全部赊销）为50万元，毛利率为20%，流动资产为10万元，流动负债为8万元，存货为4万元，现金为0.5万元（1年按360天计算）。

要求：

（1）计算该企业的流动比率、速动比率和现金比率。

（2）如果该企业要求存货年周转次数达16次，问企业年平均存货持有量应为多少？

（3）如果该企业要求应收账款平均持有量为4万元，问应收账款周转天数应为多少天？

3.A公司2021年度销售收入为840万元，净利润为117.6万元。2021年年末的资产负债表（简表）见表9-1。

表9-1 资产负债表（简表）

2021年12月31日 单位：万元

资产	期末余额	年初余额	负债和所有者权益	期末余额	年初余额
流动资产			流动负债	300	450
货币资金	90	100	非流动负债	400	250
应收账款	180	120	负债合计	700	700
存货	360	230	所有者权益	700	700
流动资产合计	630	450	所有者权益合计	700	700
固定资产	770	950			
非流动资产合计	770	950			
资产总计	1 400	1 400	负债和所有者权益总计	1 400	1 400

A公司2020年度销售净利率为16%，总资产周转率为0.5次，权益乘数为2.2，净资产收益率为17.6%。

要求：

（1）计算2021年年末速动比率、资产负债率和权益乘数。

（2）计算2021年总资产周转率、销售净利率和净资产收益率。

（3）利用因素分析法分析销售净利率、总资产周转率和权益乘数变动对净资产收益率的影响。

4.某公司相关资料见表9-2。

表9-2 **某公司相关财务数据表** 单位：万元

项目	上年	本年
平均总资产	46 780	49 120
平均净资产	25 729	25 051
营业收入	37 424	40 278
净利润	3 473	3 557

要求：请根据以上资料分别计算净资产收益率、营业利润率、总资产周转率以及权益乘数，并利用连环替代法对净资产收益率变动原因进行分析。

六、案例分析题

方大特钢或成A股最慷慨公司

方大特钢科技股份有限公司（前身为南昌长力钢铁股份有限公司，以下简称“方大特钢”），是南昌钢铁有限责任公司主要的子企业。在岗员工近8 000人，各类专业技术人员1 100余人。

方大特钢2019年2月21日披露年报，公司2018年实现营业收入172.86亿元，同比增长23.96%；净利润29.27亿元，同比增长15.26%。基本每股收益2.08元。公司拟每10股派发现金红利17元，共计派发现金红利24.65亿元，方大特钢2014—2018年现金分红情况见表9-3。

表9-3 **方大特钢2014—2018年现金分红情况** 金额单位：亿元

项目＼年	2014	2015	2016	2017	2018	合计
现金分红	10.61	0.32	3.34	21.22	24.65	60.14
归属于上市公司股东净利润	5.69	1.06	6.66	25.40	29.27	68.08
派息率（%）	186	30	50	84	84	88
经营活动产生的现金流量净额	8.33	7.07	13.45	25.54	35.73	90.12
投资活动产生的现金流量净额	0.25	−0.61	−0.12	−6.39	3.41	−3.46
自由现金流	8.58	6.46	13.33	19.15	39.14	86.66
现金分红/自由现金流（%）	124	5	25	111	63	69
购买理财产品净流出现金				5.50	−5.50	0
定期存款净增加额						0
吸收投资收到的现金					6.68	6.68
调整后自由现金流	8.58	6.46	13.33	24.65	40.32	93.34
现金分红/调整后自由现金流（%）	124	5	25	86	61	64
资产负债率（%）	65.51	75.63	65.46	39.99	29.96	

方大特钢给人的印象是“豪气”，有报道称，“2019年1月19日，方大特钢就因3.12亿元现金墙在网上火了一把，成为‘别人家的公司’。当天，方大特钢并没有直接将年终奖打入员工工资卡内，而是举办了一场发奖仪式。符合条件的员工每人6万元；符合条件的退休员工每人5 000元。”令人赞赏的是方大特钢不仅对员工慷慨，而且对股东也颇为大方。2018年方大特钢将盈利的84%作为股息派发给股东。公司于2019年2月22日发布2018年年报，以前一个交易日的收盘价12.46亿元计算，其股息收益率高达13.64%。

资料来源：孙旭东. 方大特钢2018年度利润分配预案点评［J］. 证券市场周刊，2019（17）.

讨论：方大特钢是否有足够的业绩支撑“豪气”？公司的财务安全是否有保障？方大特钢是否给未来发展留下了足够的资金？

第二部分 自测习题参考答案

一、名词解释

1.比率分析法

比率分析法是指将企业同一时期的财务报表中的相关项目进行对比，得出一系列财务比率，以此来揭示企业的财务状况的分析方法。

2.比较分析法

比较分析法是指将同一企业不同时期的财务状况或不同企业之间的财务状况进行比较，从而揭示企业财务状况中所存在差异的分析方法。

3.速动比率

速动比率是指企业速动资产与流动负债的比率。

4.权益乘数

股东权益比率的倒数，称为权益乘数，即资产总额是股东权益的多少倍。

5.利息保障倍数

利息保障倍数是指企业息税前利润与利息费用之比，又称已获利息倍数，用以衡量偿付借款利息的能力。

6.应收账款周转率

应收账款周转率（次数）是指在一定时期内应收账款平均收回的次数，是在一定时期内商品或产品销售收入净额与应收账款平均余额的比值。

7.总资产周转率

总资产周转率是指企业销售收入与企业资产平均总额的比率。

8.市盈率

市盈率是指股票每股市价与每股收益的比率。

9.杜邦分析法

杜邦分析法是指利用各主要财务比率指标间的内在联系，对企业状况及经济效益进行综合分析、评价的方法，这种分析方法是由美国杜邦公司最早创造的，因此，称为杜邦分析法。

二、单项选择题

1.D	2.A	3.C	4.C	5.D
6.B	7.A	8.C	9.D	10.B
11.C	12.D	13.D	14.C	15.A
16.B	17.C	18.B	19.D	20.C

难点解析：

1.企业的财务报告中所包含的财务报表包括现金流量表、资产负债表、利润表及所有者权益变动表。

2.现金流量比率是反映企业短期偿债能力的指标，而其余指标则是反映企业长期偿债能力的指标。

3.A、B选项反映的是偿债能力，而D反映的是盈利能力，只有C反映的是营运能力。

4.流动比率大于1说明流动资产大于流动负债，只能反映出营运资本大于0，因为营运资本等于流动资产减去流动负债。

5.只有D选项参照资产负债表，而剩余其他选项还需要结合利润表进行计算。

7.若计算总资产周转率则需要找出营业收入及资产总额，根据题意，营业收入为36 000万元，资产总额则需要用流动资产加上固定资产为12 000万元（4 000+8 000），所以答案为A。

8.应收账款周转率高，说明该企业信用政策管理比较严格，收账速度快，坏账损失较小。

10.若计算存货周转率，就需要分别找出营业成本和平均存货，题目中已知销售成本100万元，只需再计算出存货的平均余额即可。在本题中，年初存货为52万元，因此我们需要计算年末存货即可。若需要求年末存货，则可根据流动比率和速动比率分别计算出流动资产和速动资产，其二者差值则为存货为48万元，至此，我们可以根据公式计算本年度存货周转次数为2。

13.股东权益报酬率是总资产周转率、销售净利率及资产负债率的乘积，三者均可影响股东权益报酬率，因此只有短期偿债能力指标流动比率不直接影响股东权益报酬率。

14.根据总资产报酬率公式计算即可。

15.股东权益报酬率是总资产周转率、销售净利率及资产负债率的乘积，题目中的资产负债率不变，因此只考虑销售净利率和资产周转率的变化即可，因此此题选A。

19.杜邦分析法是一种综合分析方法，可以综合考量题目中的ABC三个选项。

三、多项选择题

1.ACD	2.ABD	3.ABCD	4.AB	5.ABC
6.ABCD	7.AB	8.ACD	9.ABC	10.ABCD

难点解析：

1.财务分析是对企业过去的财务状况和经营成果进行分析和评价，找出企业所存在的问题，并可预测其未来的方向，但是并不能为企业提供解决问题的方法。

2.应收账款周转率高，即周转次数多，说明企业应收账款管理比较严格，坏账损失较少，收账迅速，资产流动性强，间接说明其短期偿债能力强。

4.综合分析方法只有A、B选项，而趋势分析法和因素分析法只是进行财务分析的一种方法。

5.股东权益报酬率是总资产周转率、销售净利率及权益乘数的乘积，三者均可影响股东权益报酬率。

6.企业进行财务分析主要是从偿债能力、营运能力、盈利能力以及发展能力四个方面进行分析与评价，因此选A、B、C、D。

8.现金比率、速动比率以及现金流量比率属于短期偿债能力指标，而资产负债率属于长期偿债能力指标。

10.杜邦分析体系的核心指标是股东权益报酬率，而股东权益报酬率是总资产周转率、销售净利率及权益乘数的乘积，因此，杜邦分析体系可反映两两之间的关系。

四、判断题

1.×	2.×	3.×	4.×	5.√
6.×	7.×	8.√	9.×	10.×
11.√	12.×	13.×	14.√	15.√

难点解析：

1.速动资产是指扣除存货等变现能力差的资产。

2.资产负债率是反映企业长期偿债能力的指标。

3.如果企业速动比率较低，那么会影响企业的短期偿债能力，并不代表企业绝对不能偿还流动负债。

4.市盈率越高就说明企业未来成长的潜力越大，同时也意味着风险越高。

6.净资产收益率与销售净利率、总资产周转率以及资产负债率相关联，而题目中只显示具体资产的增长额，没有统一计算标准没有办法判断是否上升。

7.产权比率越高，说明企业的负债总额相对较多，偿债风险较高。

9.流动比率只是企业短期偿债能力的基本指标，并不能反映企业法人经营管理水平。

10.现金比率既非纯正指标，又非纯逆指标，所以现金比率应根据企业所处行业适宜即可。

12.比率分析法是指将同一时期的财务报表中的相关项目进行对比分析。

13.应收账款周转率越大，说明企业的应收账款周转得快，因此，发生坏账损失的可能性相对较小。

五、计算题

1.解：

（1）计算应收账款周转率。

营业收入＝销售收入×赊销比例＝20×80%＝16（万元）

$$应收账款周转率(周转次数)=\frac{营业收入}{平均应收账款余额}=\frac{16}{(4.8+1.6)\div 2}=\frac{16}{3.2}=5(次)$$

(2) 计算总资产周转率。

$$存货周转率(周转次数)=\frac{营业成本}{平均存货余额}=\frac{营业成本}{(期初存货余额+期末存货余额)\div 2}$$

$$期末存货余额=\frac{2\times 营业成本}{存货周转率}-期初存货余额=\frac{2\times 20\times(1-40\%)}{5}-2=2.8(万元)$$

$$速动比率=\frac{流动资产-存货}{流动负债}=\frac{流动资产-2.8}{流动负债}=1.6 \qquad (1)$$

$$流动比率=\frac{流动资产}{流动负债}=2 \qquad (2)$$

由(1)、(2)两式解得:

流动资产 = 14万元

流动负债 = 7万元

$$期末资产总额=\frac{14}{28\%}=50(万元)$$

$$总资产周转率(周转次数)=\frac{销售收入}{平均资产总额}=\frac{20}{(30+50)\div 2}=0.5(次)$$

(3) 计算资产净利率。

净利润 = 销售收入 × 销售净利润率 = 20 × 16% = 3.2(万元)

$$资产净利率=\frac{净利润}{平均资产总额}\times 100\%=\frac{3.2}{(30+50)\div 2}\times 100\%=8\%$$

2. 解:

$$(1)\ 流动比率=\frac{流动资产}{流动负债}=\frac{100\,000}{80\,000}=1.25$$

$$速动比率=\frac{速动资产}{流动负债}=\frac{100\,000-40\,000}{80\,000}=0.75$$

$$现金比率=\frac{货币资金+交易性金融资产}{流动负债}=\frac{5\,000}{80\,000}=0.0625$$

(2) 毛利额 = 销售收入 × 毛利率 = 500 000 × 20% = 100 000(元)

销售成本 = 500 000 − 100 000 = 400 000(元)

$$平均存货余额=\frac{400\,000}{16}=25\,000(元)$$

$$(3)\ 应收账款周转天数=\frac{平均应收账款余额\times 360}{营业收入}=\frac{40\,000\times 360}{500\,000}=28.8(天)$$

3. 解:

$$(1)\ 速动比率=\frac{速动资产}{流动负债}=\frac{630-360}{300}=0.9$$

$$资产负债率=\frac{负债总额}{资产总额}\times 100\%=\frac{700}{1\,400}\times 100\%=50\%$$

$$权益乘数 = \frac{资产总额}{股东权益总额} = \frac{1\ 400}{700} = 2$$

(2) $总资产周转率 = \frac{营业收入}{平均资产总额} = \frac{840}{(1\ 400 + 1\ 400) \div 2} = 0.6(次)$

$$销售净利率 = \frac{净利润}{销售收入} \times 100\% = \frac{117.6}{840} \times 100\% = 14\%$$

$$净资产收益率 = \frac{净利润}{平均净资产} \times 100\% = \frac{117.6}{(700 + 700) \div 2} \times 100\% = 16.8\%$$

(3) 销售净利率变动影响 $= (14\% - 16\%) \times 0.5 \times 2.2 = -2.2\%$

总资产周转率变动影响 $= 14\% \times (0.6 - 0.5) \times 2.2 = 3.08\%$

权益乘数变动影响 $= 14\% \times 0.6 \times (2 - 2.2) = -1.68\%$

4.解:

上年基本指标计算:

$$净资产收益率 = \frac{3\ 473}{25\ 729} \times 100\% = 13.50\%$$

$$营业利润率 = \frac{3\ 473}{37\ 424} \times 100\% = 9.28\%$$

$$总资产周转率 = \frac{37\ 424}{46\ 780} = 0.8(次)$$

$$权益乘数 = \frac{46\ 780}{25\ 729} = 1.82$$

本年指标计算:

$$净资产收益率 = \frac{3\ 557}{25\ 051} \times 100\% = 14.20\%$$

$$营业利润率 = \frac{3\ 557}{40\ 278} \times 100\% = 8.83\%$$

$$总资产周转率 = \frac{40\ 278}{49\ 120} = 0.82(次)$$

$$权益乘数 = \frac{49\ 120}{25\ 051} = 1.96$$

分析对象:

$14.20\% - 13.50\% = 0.7\%$

(1) 营业利润率变动对净资产收益率的影响:

$(8.83\% - 9.28\%) \times 0.80 \times 1.82 = -0.66\%$

(2) 总资产周转率变动对净资产收益率的影响:

$8.83\% \times (0.82 - 0.80) \times 1.82 = 0.32\%$

(3) 权益乘数变动对净资产收益率的影响:

$8.83\% \times 0.82 \times (1.96 - 1.82) = 1.01\%$

各因素影响合计 $= -0.66\% + 0.32\% + 1.01\% = 0.67\%$

从上述计算中，可以看出上年公司净资产收益率为13.50%，本年上升到14.20%，上升幅度大（上升了0.70%）。观察得到营业利润率、总资产周转率以及权益乘数变动均对净资产收益产生影响。营业利润率降低了0.45%（9.28%-8.83%），使净资产收益率降低了0.66%，总资产周转率提速了0.02（0.82-0.8），使净资产收益率提高了0.32%，权益乘数上升了0.14（1.96-1.82），使净资产收益率升高1.01%，由此可以看出，权益乘数的变动对净资产收益率的影响最大，甚至高过其他两个指标对其的影响程度，由数据可以看出，权益乘数的变动主要是因为本年净资产减少，平均总资产增加，从而导致股东权益在总资产中的比例有所下降，进而导致权益乘数上升，影响净资产收益率。

六、案例分析题

针对三个问题的答案是肯定的。

第一，2018年方大特钢实现归属于上市公司股东的净利润29.27亿元，加权净资产收益率高达57.67%，虽然方大特钢经营业绩具有周期性，但与那些另类高分红的公司相比，其盈利能力强大且稳定。在过去的10年中，方大特钢年年盈利，加权净资产收益率最低也有3.46%。因此，可以认为其高分红有足够的业绩支撑。

第二，2018年年末，方大特钢的资产负债率只有29.96%。假设公司2018年度24.65亿元的股息已于那时派发，其资产负债率也不过40.28%。考虑到公司盈利能力支持，除非未来有大的资本支出而大举借贷，否则会陷入财务困境。

第三，方大特钢未来会有大的资本支出吗？很难。来看一下公司年报中的一段话“2018年钢铁去产能深入推进，国内钢铁行业提前完成了5年化解过剩产能1亿至1.5亿吨上限目标，市场环境明显改善，企业效益明显好转。”尝到了去产能甜头的钢铁行业，大概很难再像过去一样拼命上产能。更何况，即便在完成了去产能目标后，2018年中国粗钢产量仍然高达9.28亿吨，名列全球第一，是第二名（印度）产量的8.72倍。这样的产能水平应该是够用了。

从案例中我们可以发现，公司绩效直接影响所有者权益，并且与所有者权益项目有着密切关联，股利决策的合理与否直接影响公司的净资产规模，也影响公司未来的价值创造。

第十章

财务战略

第一部分 自测习题

一、名词解释

1.企业财务战略

2.宏观环境分析

3.五力分析

4.核心能力

5.问题业务

6.现金牛业务

7.瘦狗业务

8.SWOT分析法

二、单项选择题

1.下列各项，不属于经济因素的是（　　）。

A.社会流动性　　B.社会经济结构

C.社会经济体制　　D.当前经济状况

2.（　　）的标志是产品销量节节攀升，产品的销售群体已经扩大。

A.导入期　　B.成长期

C.成熟期　　D.衰退期

3.下列各项，不属于企业的主要资源的是（　　）。

A.有形资源　　B.财务资源

C.无形资源　　D.人力资源

4.（　　）认为，决定产品结构的基本因素有两个：市场引力与企业实力。

A.波士顿矩阵　　B.通用矩阵

C.SWOT矩阵　　D.五力模型

5.（　　）战略主要是为了获得短期收益，目标是在短期内尽可能地得到最大限度的现金收入。

A.发展　　B.保持

C.收割　　D.放弃

6.（　　）战略的目标在于清理和撤销某些业务，减轻负担，以便将有限的资源用于效益较高的业务。

A.发展　　B.保持

C.收割　　D.放弃

7.（　　）战略主要是保持投资现状，目标是维持业务现有的市场占有率。

A.发展　　B.保持

C.收割　　D.放弃

8.SWOT中的“O”是指（　　）。

A.内部优势　　B.内部劣势

C.外部机会　　D.外部威胁

9.SWOT中的“T”是指（　　）。

A.内部优势　　B.内部劣势

C.外部机会　　D.外部威胁

10.SWOT中的“S”是指（　　）。

A.内部优势　　B.内部劣势

C.外部机会　　D.外部威胁

11.商界有句名言“女人和孩子的钱好赚”。从战略分析角度来看，该说法主要分析的因素是（　　）。

A.人口因素　　B.价值观

C.生活方式变化　　D.消费心理

12.根据波士顿矩阵理论，当某企业的所有产品均处于高市场增长率时，下列各项关于该企业产品所属类别的判断，正确的是（　　）。

A.明星产品和金牛产品　　B.明星产品和问号产品

C.瘦狗产品和金牛产品　　D.金牛产品和问号产品

13.根据通用矩阵理论，当某企业的特定业务竞争地位比较强，产业吸引力处于中等时，应该采取的对策是（　　）。

A.增长与发展战略　　B.停止

C.转移　　D.维持

14.（　　）属于技术因素。

A.社会经济结构　　B.生活方式

C.科技政策　　D.行为规范

15.当分析一个企业拥有的资源时，决定企业竞争优势的资源判断标准必须知道哪些资源是有价值的，是可以使企业获得竞争优势的。其主要的判断标准不包括（　　）。

A.资源的稀缺性　　B.资源的不可模仿性

C.资源的可利用性　　D.资源的持久性

三、多项选择题

1.甲公司为在国内上市的电信公司。甲公司正在研究收购某发展中国家的乙移动通信公司。在下列各项因素中，属于甲公司在PEST分析中应当考虑的有（　　）。

A.甲公司收购乙移动通信公司符合其总体公司战略

B.乙移动通信公司所在国政府历来对企业实施高税收政策

C.甲公司在国内提供电信服务积累的经验与技术有助于管理乙移动通信公司的业务

D.乙移动通信公司所在国的电信行业10年来发展迅速，移动通信业务较过去10年增长了300倍

2.按照波特的五力模型，在下列各项因素中，可能对某家航空公司获取行业竞争优势产生不利影响的有（　　）。

A.进入航空业需要大量的资本投入

B.航空业的行业增长率开始处于下降趋势

C.由于廉价航空公司兴起，因此，机票价格大幅降低

D.由于许多大型国际企业采用视频会议管理跨国业务，因此，商务航空服务需求降低

3.下列关于企业资源的表述，正确的有（　　）。

A.企业文化和组织经验属于企业的人力资源

B.员工向企业提供的技能、知识以及推理和决策能力属于企业的无形资源

C.企业的无形资源一般难以被竞争对手了解、购买、模仿或替代

D.企业的有形资源列示在资产负债表的账面价值不能完全代表其战略价值

4.甲公司是国内一家印刷机制造企业，主要产品是胶印机。为了开发“印后设备”（即折页装订、模切、包装等设备），该公司进行了SWOT分析。在以下表述中，符合该公司SWOT分析要求的是（　　）。

A.甲公司产品在国内具有较高的品牌知名度和完善的销售渠道，但在短期内印后设备研发能力不足，甲公司寻求一家有印后研发能力的企业进行战略合作。（此战略为WT战略）

B.甲公司产品在国内具有较高的品牌知名度和完善的销售渠道，国家政策鼓励优势企业进行产品和技术开发进入市场需求旺盛的印后设备领域。甲公司决定借政策东风，迅速进入印后设备领域。（此战略为SO战略）

C.由于甲公司短期内印后设备研发能力不足，国外印后设备制造商实力强大，因此，甲公司决定与一家国外印后设备制造商进行战略合作。（此战略为ST战略）

D.由于甲公司短期内印后设备研发能力不足，面对国内对印后设备日益强劲的市场需求，甲公司寻求一家有印后研发能力的企业进行战略合作。（此战略为WO战略）

5.企业财务战略选择要求包括（　　）。

A.财务战略的选择必须与企业资本结构相适应

B.财务战略的选择必须与经济周期相适应

C.财务战略选择必须与企业发展阶段相适应

D.财务战略选择必须与企业经济增长方式相适应

四、判断题

1.企业财务战略具有从属性、系统性、具体性及复杂性等特征。　（　　）

2.财务战略的制定与实施，只需考虑企业内外环境即可。 ( )

3.资源的稀缺性是判断企业竞争优势的唯一标准。 ( )

4.企业的能力主要包括研发能力、生产管理能力、营销能力、财务能力以及组织管理能力。 ( )

5.考察企业功能是识别企业核心竞争力常用的方法。 ( )

6.波士顿矩阵的横轴表示市场增长率，纵轴表示企业在产业中的相对市场占有率。 ( )

7.通用矩阵又称相对市场份额矩阵，是美国通用电气公司设计的一种投资组合的分析方法。 ( )

8.SWOT分析中的“多元化战略”是结合企业自身优势和企业外部环境的机会得到的发展战略。 ( )

9.企业具有很好的内部优势以及众多的外部机会，应当采取增长型战略。 ( )

10.核心能力是指在企业中有价值的资源，它可以使企业获得竞争优势，并且不会随着使用而递减。 ( )

五、案例分析题

宝洁公司波士顿矩阵分析

宝洁公司（Procter & Gamble)，是一家美国消费日用品生产商，也是目前全球最大的日用品公司之一。其总部位于美国俄亥俄州辛辛那提市，全球员工近110 000人。2008年，宝洁公司是世界上市值第六大的公司和世界上利润第十四大的公司。它同时是财富500强中第十大最受赞誉的公司，在全球80多个国家设有工厂及分公司，所经营的300多个品牌的产品畅销160多个国家和地区。其产品包括洗发、护发、护肤用品，化妆品，婴儿护理产品，医药，食品，饮料，织物及家居护理。1987年，自从宝洁公司登陆中国市场以来，在日用消费品市场可谓所向披靡，仅用了10余年时间，就成为中国日化市场的第一品牌。在中国，宝洁公司旗下共有六大洗发水品牌，20多个系列，包括飘柔、潘婷、海飞丝、沙宣、润妍、伊卡璐等洗发、护发用品品牌。宝洁公司的企业文化由企业愿景、企业精神、企业使命共同构成。其中，企业愿景是亲近和美化人的生活；企业精神是创新、团队；企业使命是提供名化产品，真正改变客户的日常生活。

讨论：请联系实际情况运用波士顿矩阵对宝洁公司的产品进行分析。

第二部分 自测习题参考答案

一、名词解释

1.企业财务战略

企业财务战略，是指一定时期内，根据宏观经济发展状况和公司发展战略，对财务活动的发展目标、方向和道路，从总体上作出的一种客观而科学的概括和描述。

2.宏观环境分析

宏观环境因素可以分为政治和法律因素、经济因素、社会文化因素以及技术因素，由于这四个因素首字母组合起来是PEST，因此，宏观环境分析又称“PEST”分析法。

3.五力分析

在每一个产业中都存在五种基本竞争力量，即潜在进入者、替代品、购买者、供应者与现有竞争者。在一个产业中，五种力量共同决定产业竞争的强度以及产业利润率，最强的一种或几种力量占据着统治地位。

4.核心能力

核心能力是指在企业中有价值的资源，它可以使企业获得竞争优势，并且不会随着使用而递减。

5.问题业务

高增长、弱竞争的问题业务，这类业务通常处于最差的现金流量状态，一方面市场增长率很高，另一方面市场占有率很低。

6.现金牛业务

低增长、强竞争的现金牛业务，这类业务处于成熟的低速增长的市场中，市场地位有力，盈利率高，本身不需要投资，反而能为企业提供大量资金，用以支持其他业务的发展。

7.瘦狗业务

低增长、弱竞争的瘦狗业务，这类业务处于饱和的市场中，竞争激烈，可获利润很低，不能成为企业资金的来源。

8.SWOT分析法

SWOT分析法是一种综合考虑企业内部条件（企业内部的优势与劣势）和外部环境（企业外部环境的机会与威胁）的各种因素，进行系统评价，从而选择最佳经营战略的方法。

二、单项选择题

1.A	2.B	3.B	4.A	5.C
6.D	7.B	8.C	9.D	10.A
11.D	12.B	13.A	14.C	15.C

难点解析：

1.社会流动性不属于经济因素，属于社会和文化因素，而其他三个选项则属于经济因素。

2.成长期的标志是产品销量节节攀升，产品的销售群体已经扩大，而此时对产品质量的要求并不高。

3.企业的资源包括有形资源、无形资源及人力资源三部分。

4.波士顿矩阵的两个基本因素为市场引力与企业实力；通用矩阵的两个基本因素为产业吸引力与企业竞争地位。

5.收割战略主要是为了获得短期收益，目标是在短期内尽可能地得到最大限度的现金收入。对处境不佳的“现金牛”业务及没有发展前途的“问题”业务和“瘦狗”业务应视具体情况采取这种战略。

6.放弃战略的目标在于清理和撤销某些业务，减轻负担，以便将有限的资源用于效益较高的业务，这种目标适用于无利可图的“问题”业务和“瘦狗”业务。一个公司必须对其业务加以调整，以使其投资组合趋于合理。

7.保持战略主要是保持投资现状，目标是保持业务现有的市场占有率。对于较大的“现金牛”业务可以此为目标，以使它们产生更多的收益。

8.SWOT分析是一种综合考虑企业内部条件和外部环境的各种因素，进行系统评价，从而选择最佳经营战略的方法。这里，S是指企业内部的优势（Strengths）；W是指企业内部的劣势（Weaknesses）；O是指企业外部环境的机会（Opportunities）；T是指企业外部环境的威胁（Threats）。

11.本题考核社会和文化环境因素。“女人和孩子的钱好赚”，反映的是消费心理。

12.当企业的市场增长率高的时候，相应产品类型为明星产品和问号产品。

13.企业的竞争地位比较强，且产业吸引力处于中等，最适于采取增长与发展战略，企业应优先分配资源。

15.判断标准除A、B、D三个选项之外，还有一个便是资源的不可替代性。

三、多项选择题

1.BD	2.BCD	3.CD	4.BD	5.BCD

难点解析：

1.选项A和C属于企业的内部环境分析，而PEST分析的前提是分析企业的外部环境，因此选项A、C应该首先被排除，则本题只能选择选项B、D。

2.企业进入航空业需要大量的资本投入，从而可以有效抵御潜在的新进入者威胁，因此会产生有利影响。航空业的行业增长率开始处于下降趋势，意味着行业增长速度变慢，业内竞争日趋激烈，不利于该公司获得行业竞争优势。选项C廉价航空公司兴起，使得机票价格大幅降低，以及选项D替代品的出现造成需求下降都会使得业内竞争激烈，从而不利于该公司竞争优势的形成。

3.选项A企业文化和组织经验属于企业的无形资源；选项B员工向企业提供的技能、知识以及推理和决策能力属于企业的人力资源。

4.甲公司产品在国内具有较高的品牌知名度和完善的销售渠道，此为优势，在短期内印后设备研发能力不足，表明存在劣势，但选项A并未表明该公司面临外部环境的威胁，所以不能判定其属于WT战略，选项A错误。甲公司短期内印后设备研发能力不足，此为劣势，国外印后设备制造商竞争对手实力强大，此为威胁，因此，此战略为WT战略，选项C错误。

四、判断题

1.×	2.×	3.×	4.√	5.√
6.×	7.×	8.×	9.√	10.√

难点解析：

1.企业财务战略具有从属性、系统性、指导性及复杂性等特征。

2.作为企业战略管理的一个子系统——财务战略的制定与实施，除考虑企业内外环境外，还要着重考虑企业整体战略要求。

3.资源的稀缺性是判断企业竞争优势的标准之一，而非唯一标准。

4.企业的研发能力、生产管理能力、营销能力、财务能力以及组织管理能力均属于企业的基本能力，所以此题正确。

6.波士顿矩阵的横轴表示市场占有率，纵轴表示企业在产业中的相对市场增长率。

7.波士顿矩阵又称相对市场份额矩阵，而通用矩阵又称行业吸引力矩阵。

8.SWOT分析中的“增长型战略”是结合企业自身优势和企业外部环境的机会得到的发展战略。

五、案例分析题

第一，“明星”产品——沙宣。我们把沙宣定为“明星”产品是因为该品牌有着很高的市场渗透率和占有率，强势品牌特征非常明显，占绝对优势。

第二，“现金牛”产品——飘柔、海飞丝。上述两个产品的市场增长率低，相对市场占有率高，已进入成熟期，可以为企业提供资金，因而成为企业回收资金、支持其他产品尤其是明星产品投资的后盾。

第三，“问题”产品——伊卡璐。伊卡璐是宝洁为击败联合利华、德国汉高、日本花王花费巨资从其他公司购买的品牌，主要定位于染发。而宝洁公司的细分市场很大程度不是靠功能和价格来区分的，而是通过广告诉求给予消费者不同的心理暗示，把它定位为“问题”产品，主要是市场占有率低，产生的现金流不多。

第四，“瘦狗”产品——润妍。该品牌市场增长率低，相对市场占有率也偏低，不能给公司带来收益，应采用撤退战略。

第十一章

财务危机、重组与清算

第一部分 自测习题

一、名词解释

1.财务危机

2.财务危机预警

3.破产

4.债务和解

5.清算

6.破产财产

7.优先破产债权

8.破产费用

9.共益债务

10.重组

二、单项选择题

1.对于财务危机的理解，以下说法不正确的是（　　）。

A.财务危机是指企业的财务失败

B.企业的无偿债能力、亏损等都可视为财务危机的前期表现，破产倒闭是其最终的结果

C.财务危机是指企业由于现金流量不足，无力偿还到期债务，而被迫采取非常措施的一种状态

D.财务危机是指企业的经济失败

2.为了监测和预报财务危机，学者采用各种数学工具和方法，其中广泛运用的是（　　）。

A.定性分析法　　B.单变量模型

C.Z-score模型　　D.F分数模型

3.甲企业欠乙公司货款无法按期偿还，后经双方协商，乙公司同意减免甲企业部分债务，其余部分甲企业以银行存款支付。该债务重组方式属于（　　）。

A.以低于债务账面价值的现金清偿债务　　B.以非现金资产清偿债务

C.债权转为股权　　D.修改债务条件

4.下列关于企业清算财产支付顺序正确的是（　　）。

A.清理费用—工资—税款—其他无担保债务

B.工资—清算费用—税款—其他无担保债务

C.税款—清算费用—工资—其他无担保债务

D.其他无担保债务—清算费用—工资—税款

5.下列不属于破产财产的是（　　）。

A.宣告破产时破产企业经营管理的全部财产

B.已作为担保物的财产

C.应当由破产企业行使的其他财产权利，如专利权、著作权等

D.破产企业在破产宣告后至破产程序终结前取得的财产

6.破产清算工作人员的酬金及劳务费应计入（　　）。

A.管理费用　　B.工资费用

C.破产清算损益　　D.破产费用

7.关于企业债务重组的说法正确的是（　　）。

A.资不抵债时，就应当进行债务重组

B.债务重组可以将债权转为股权

C.债务重组时，不可以用非现金资产清偿债务

D.债务重组时，不可以修改债务条件

8.以下不属于破产财产的构成条件的是（　　）。

A.必须是破产企业法人可以独立支配的财产

B.必须是在破产程序终结前属于破产企业的财产

C.必须是在破产程序受理前属于破产企业的财产

D.必须是依照破产程序可以强制清偿的债务人的财产

9.企业出现的下列（　　）情形，可以不进行清算。

A.股东大会决议解散

B.依法宣告破产

C.依法被吊销营业执照、责令关闭或者被撤销

D.企业经营出现暂时性亏损

10.下列不属于企业经营状况的征兆的是（　　）。

A.企业信誉不断降低　　B.关联企业趋于倒闭

C.产品市场竞争力不断减弱　　D.企业规模进行外部扩张

三、多项选择题

1.下列属于发生财务危机之前的征兆的是（　　）。

A.关联企业出现财务危机　　B.存货出现异常变动

C.利润严重减少　　D.公司高管突然离职

2.下列属于财务危机发生原因的是（　　）。

A.高管存在结构缺陷　　B.高财务杠杆经营

C.会计信息系统管理中存在不足　　D.经营过度

3.以下属于债务重组方式的有（　　）。

A.以低于债务账面价值的现金清偿债务

B.以非现金资产清偿债务

C.债权转为股权

D.修改债务条件

4.向法院提出破产申请，一般可由（　　）提出。

A.债务人的上级主管部门　　B.债务人

C.债权人　　D.债权人的上级主管部门

5.债务人通过（　　）等以缓解暂时债务的重组方式为修改其他债务条件。

A.延长债务偿还期限　　B.减免应付未付利息

C.降低利率　　D.延长债务偿还期限并减少本金

6.根据我国《破产法》的有关规定，破产界限的实际标准是不能清偿到期债务。下列情形，可以界定为债务人不能清偿到期债务的有（　）。

A.债务人不能以财产、信用或能力等任何方式清偿债务

B.债务人停止支付到期债务并呈连续状况

C.债务人不能清偿的是已到期、债权人提出偿还要求的、无争议的债务

D.债务人对主要债务在可预见的相当长时间内持续不能偿还

7.在法院受理破产案件6个月至破产宣告之日的期间内，破产企业的（　　）行为无效。

A.隐匿、私分或无偿转让财产

B.非法出售财产

C.对原来没有提供财产担保的债务提供担保

D.放弃自己的债权

8.破产费用主要包括（　　）。

A.破产案件的诉讼费　　B.管理、变价和分配债务人财产的费用

C.清算组聘请的工作人员的费用　　D.破产企业员工工资

9.下列关于破产财产的相关说法正确的是（　　）。

A.破产财产应优先清偿破产费用和共益债务

B.债务人财产不足以清偿所有破产费用和共益债务的，先行清偿破产费用

C.破产财产不足以清偿同一顺序求偿权的，应当按照比例进行分配

D.破产财产确定以后，一般都要变卖为货币资金，以便清偿债务

10.下列属于共益债务的有（　　）。

A.因管理人或者债务人请求对方当事人履行双方均未履行完毕的合同所产生的债务

B.因债务人不当得利所产生的债务

C.债务人财产致人损害所产生的债务

D.债务人财产受无因管理所产生的债务

四、判断题

1.财务危机一般又称财务失败，企业发生财务危机的主要标志就是现金流量短缺并呈持续状态，无力偿还到期债务。（　　）

2.财务危机是一个渐进和积累的过程，一般分为四个阶段：财务危机潜伏期、财务危机发作期、财务危机发展期、财务危机恶化期。（ ）

3.现在主要使用的财务危机预警模型是单变量模型。（ ）

4.破产企业的清算组对破产财产分配完毕，结平所有账户，即可终结破产程序，宣告企业终止。（ ）

5.当债务人出现财务困难，不能按期偿还债务时，债权人只能通过法律程序，要求债务人破产，以清偿债务。（ ）

6.破产重组是对一些因出现暂时性财务困难的企业，通过与债权人相互协商，由债权人作出某些让步的一种企业整顿方式。（ ）

7.以修改债务条件进行债务重整，对债权人和债务人都不应确认债权清理损失或债务重整收益。（ ）

8.在债权人作出让步的情况下，以非现金资产清偿债务，这种方式属于债务重整。（ ）

9.破产企业对破产可变现价值的清偿顺序，首先是偿还有担保的债权，其次是清偿无担保但有优先权的债权，然后再清偿无担保无优先权的债权。（ ）

10.“不能清偿到期债务”，是我国《破产法》对企业破产规定的破产界限。一般认为，如果债务人停止支付到期债务并呈连续状况，如无相反证据，可推定为不能清偿到期债务。（ ）

五、计算题

某上市公司2021年的财务数据如下：

（1）年营业收入为52 000万元，息税前利润为5 000万元，股票市值为22 000万元（年末）。

（2）资产负债表（简表）见表11-1。

表11-1 资产负债表（简表）

2021年12月31日　　单位：万元

资产	金额	负债和所有者权益	金额
流动资产	16 000	流动负债	12 000
固定资产	60 000	非流动负债	38 000
其他资产	4 000	负债合计	50 000
		股本	10 000
		资本公积	12 000
		盈余公积	6 000
		未分配利润	2 000
		所有者权益合计	30 000
资产总计	80 000	负债和所有者权益总计	80 000

要求：计算该公司2021年的Z值，对该公司的财务风险状况进行评价。

第二部分 自测习题参考答案

一、名词解释

1.财务危机

财务危机可称为财务困境或财务失败，是指企业由于现金流量不足，无力偿还到期债务，而被迫采取非常措施的一种状态。

2.财务危机预警

财务危机预警又称财务预警，是指根据企业经营状况和财务指标等因素的变化，对企业经营活动中存在的财务风险进行监测、诊断和报警的方法。

3.破产

破产是指企业在市场竞争中，由于各种原因不能清偿到期债务，通过重整、和解或者清算等法律程序，使得债权债务关系依据重整计划或者和解协议得以调整，或者通过变卖债务人财产，使得债权人公平受偿。

4.债务和解

债务和解又称债务重组，是指在债务人发生财务危机的情况下，债权人按照其与债务人达成的协议或法院的裁定作出让步，使债务人减轻债务负担，渡过难关，从而解决债务人债务问题的行为。

5.清算

企业清算是指企业在终止过程中，为终结现存的各种经济关系，对企业的财产进行清查、估值和变现，清理债权和债务，分配剩余财产的行为。

6.破产财产

破产财产是指依法在破产宣告后，可依破产程序进行清算和分配的破产企业的全部财产。

7.优先破产债权

对破产人的特定财产享有担保权的权利人，对该特定财产享有优先受偿的权利，该部分债权称为优先破产债权。

8.破产费用

破产费用是指在破产案件中，为破产债权人的共同利益而支出的费用。

9.共益债务

共益债务是指在破产程序中为全体债权人共同利益所负担的各种债务的总称。

10.重组

重组是指公司为了实现其战略目标，对公司的资源进行重新组合和优化配置的活动。

二、单项选择题

1.D	2.C	3.A	4.A	5.B
6.D	7.B	8.C	9.D	10.D

难点解析：

1. 财务危机是指企业的财务失败而不是经济失败。经济失败是从企业的盈利能力来描述企业的经营状态，而财务危机是从企业的偿债能力来描述企业的经营状态。

2. 多变量模型——Z-score 模型在财务预警领域得到了广泛应用，其是指运用多种财务指标加权汇总产生的总判别分值（Z 值）来预测财务危机。

3. 甲企业以银行存款偿还了部分债务，属于以资产清偿债务，乙公司同意减免甲企业部分债务，所以属于以低于债务账面价值的现金清偿债务。

4. 根据《破产法》的规定，破产财产应优先清偿破产费用和共益债务，其次为所欠职工的工资等，然后是所欠税款，最后是普通破产债权。

5. 担保物的价款，超过其所担保的债务数额的，超过部分属于破产财产。

6. 破产费用是指在破产案件中，为破产债权人的共同利益而支出的费用。管理人执行职务的费用、报酬和聘用工作人员的费用属于破产费用。

7. 企业资不抵债不属于债务重组所具备条件。债务重组的方式包括：以资产清偿债务、债权转为股权、修改债务条件。

8. 破产财产的构成条件是：第一，必须是破产企业法人可以独立支配的财产；第二，必须是在破产程序终结前属于破产企业的财产；第三，必须是依照破产程序可以强制清偿的债务人的财产。

9. 企业应当进行清算的情形有：营业期限届满或企业章程规定的解散事由出现；股东大会决议解散；因企业合并或分立需要解散；依法被吊销营业执照、责令关闭或者被撤销；依法宣告破产。

10. 经营状况的征兆有：盲目扩大企业规模、企业信誉不断降低、关联企业趋于倒闭、产品市场竞争力不断减弱。

三、多项选择题

1.ABCD	2.ABCD	3.ABCD	4.BC	5.ABCD
6.ABCD	7.ABCD	8.ABC	9.ABCD	10.ABCD

难点解析：

4. 根据《破产法》的有关规定，破产申请可由债务人向法院提出，即自愿破产，也可由债权人向法院提出，即非自愿破产。

8. 破产费用包括：破产案件的诉讼费用；管理、变价和分配债务人财产的费用；管理人执行职务的费用、报酬和聘用工作人员的费用。破产企业员工工资不属于破产费用。

四、判断题

1.√	2.×	3.×	4.×	5.×
6.×	7.×	8.√	9.√	10.√

难点解析：

2. 企业的财务危机发展过程包括以下四个阶段：①第一阶段，财务危机潜伏期。②第二阶段，财务危机发作期。③第三阶段，财务危机恶化期。④第四阶段，财务危机实现期。

3.现在主要使用的财务危机预警模型是多变量模型（Z-score 模型）。

4.管理人完成最后的破产财产分配后，应当及时向法院提交破产财产分配报告，提请法院裁定终结破产程序。

5.在债务人无法清偿到期债务的情况下，债权人不必立即进行破产清算，在法院的主持下，可以由债务人和债权人达成协议，制订债务人重整计划或债务和解计划，债务人可以继续营业并在一定期限内按计划全部或部分清偿债务。

6.对一些因出现暂时性财务困难的企业，通过与债权人相互协商，由债权人作出某些让步的一种企业整顿方式是债务重组。

7.债权人不能确认债务重组收益，只能确认债务重组损失，而债务人要确认债务重组收益。

五、案例分析题

营运资本 = 16 000 - 12 000 = 4 000 (万元)

留存收益 = 6 000 + 2 000 = 8 000 (万元)

负债总额 = 12 000 + 38 000 = 50 000 (万元)

$X_1 = 4\,000 \div 80\,000 = 0.05$

$X_2 = 8\,000 \div 80\,000 = 0.10$

$X_3 = 5\,000 \div 80\,000 = 0.06$

$X_4 = 22\,000 \div 50\,000 = 0.44$

$X_5 = 52\,000 \div 80\,000 = 0.65$

$Z = 0.012 \times 0.05 + 0.014 \times 0.10 + 0.033 \times 0.06 + 0.006 \times 0.44 + 0.999 \times 0.65 = 0.66$

$Z \leqslant 1.81$，说明该公司破产的概率较高。

附录

模拟试卷及参考答案

财务管理模拟试卷一

考试时间为120分钟

题号	一	二	三	四	总分	
得分						
阅卷人					合分人	

附10%现值系数表：

	1	2	3	4	5	6	7	8	9	10
PVIF	0.9091	0.8264	0.7513	0.6830	0.6209	0.5645	0.5132	0.4665	0.4241	0.3855
PVIFA	0.9091	1.7355	2.4869	3.1699	3.7908	4.3553	4.8684	5.3349	5.7590	6.1446

得分

一、**单项选择题**（本大题共35小题，每小题1分，共35分。在每小题列出的四个备选项中只有一个是符合题目要求的，请将其代码按要求填写。错选、多选或未选均无分）

1	2	3	4	5	6	7	8	9	10	11	12	13	14	15
16	17	18	19	20	21	22	23	24	25	26	27	28	29	30
31	32	33	34	35										

1.当以股东财富最大化反映企业财务管理的目标时，能反映股东财富的指标是（　　）。

A.利润总额　　B.每股市价

C.每股收益　　D.资本利润率

2.表示资金时间价值的利息率是（　　）。

A.银行同期贷款利率　　B.银行同期存款利率

C.社会资金平均利润率　　D.加权资本成本

3.最初若干期没有收付款项，距今若干期以后发生的每期期末收付款的年金，被称为（　　）。

A.普通年金　　B.预付年金

C.后付年金　　D.递延年金

4.企业年初借得50 000元贷款，10年期，年利率12%，每年年末等额偿还。已知年金现值系数（P/A，12%，10）=5.6502，则每年应付金额为（　　）元。

A.8 849　　B.5 000

C.6 000　　D.28 251

5.为比较期望报酬率不同的两个或两个以上的方案的风险程度，采用的标准是（　　）。

A.标准离差　　B.标准离差率

C.概率　　D.风险报酬率

6.某公司发行的股票，投资人要求的必要报酬率为20%，最近刚支付的股利为每股2元，估计股利年增长率为10%，则该种股票的价值为（　　）元/股。

A.20　　B.24

C.22　　D.18

7.在SWOT分析中，最理想的组合是（　　）。

A.SO组合　　B.WO组合

C.ST组合　　D.WT组合

8.在下列各种筹资方式中，最有利于降低公司财务风险的是（　　）。

A.发行普通股　　B.发行优先股

C.发行公司债券　　D.发行可转换债券

9.以下项目不属于敏感资产项目的是（　　）。

A.现金　　B.应收账款

C.应收票据　　D.存货

10.某企业按年利率10%从银行借入款项800万元，银行要求企业按贷款限额的15%保持补偿余额，该贷款的实际年利率为（　　）。

A.11%　　B.13.33%

C.12%　　D.11.50%

11.在下列各种筹资渠道中，属于企业内部筹资渠道的是（　　）。

A.银行信贷资金　　B.非银行金融机构资金

C.企业内部留用资金　　D.职工购买企业债券的投入资金

12.相对于股票筹资而言，银行借款的缺点是（　　）。

A.筹资速度慢　　B.筹资成本高

C.借款弹性差　　D.财务风险大

13.对债券进行信用评级工作，这主要是为了保护（　　）利益。

A.所有者　　B.大股东

C.中小股东 D.债权人

14.某公司向银行借贷2 000万元，年利息为8%，筹资费率为0.5%，该公司使用的所得税税率为25%，则该笔借款的资本成本为（ ）。

A.6.00% B.6.03%

C.8.00% D.8.04%

15.某公司计划投资建设一条生产线，投资总额为60万元，预计生产线接产后每年可为公司新增利润4万元，生产线的年折旧额为6万元，则该投资的静态投资回收期为（ ）年。

A.5 B.6

C.10 D.15

16.如果企业一定期间内的固定生产成本和固定财务费用均不为零，那么由上述因素共同作用而导致的杠杆效应属于（ ）。

A.经营杠杆效应 B.财务杠杆效应

C.联合杠杆效应 D.风险杠杆效应

17.一般来说，在企业的各种资金来源中，资本成本最高的是（ ）。

A.优先股 B.普通股

C.债券 D.长期借款

18.最佳资本结构是指企业在一定时期最适宜其有关条件下（ ）。

A.企业价值最大的资本结构

B.企业目标资本结构

C.加权平均资本成本最低的目标资本结构

D.加权平均资本成本最低、企业价值最大的资本结构

19.用于追加筹资决策的资本成本是（ ）。

A.个别资本成本 B.综合资本成本

C.边际资本成本 D.加权资本成本

20.在项目投资决策中，完整的项目计算期是指（ ）。

A.建设期 B.生产经营期

C.建设期+达产期 D.建设期+生产经营期

21.在投资决策评价方法中，对于互斥方案来说，最好的评价方法是（ ）。

A.净现值法 B.获利指数法

C.内部报酬率法 D.平均报酬率法

22.当某投资方案的折现率为18%时，净现值为-3.17万元，折现率为16%时，净现值为6.12万元，则该投资方案的内部报酬率为（ ）。

A.14.68% B.16.68%

C.17.32% D.18.32%

23.在下列评价指标中，属于非折现正指标的是（ ）。

A.静态投资回收期 B.平均报酬率

C.内部报酬率　　D.净现值

24.某公司用长期资金来源满足全部非流动资产和部分永久性流动资产的需要，而用短期资金来源满足剩下部分永久性流动资产和全部波动性流动资产的需要，则该公司的流动资产融资策略是（　　）。

A.激进型融资策略　　B.保守型融资策略

C.折中型融资策略　　D.期限匹配型融资策略

25.在下列各项中，受企业股票分割影响的是（　　）。

A.股票票面价值　　B.股东权益总额

C.企业资本结构　　D.股东持股比例

26.确定股东是否有权领取股利的截止日期是（　　）。

A.除息日　　B.股权登记日

C.股权宣告日　　D.股权发放日

27.在新旧设备使用寿命不同的固定资产更新决策中，不可以使用的决策方法是（　　）。

A.差量分析法　　B.年均净现值法

C.年均成本法　　D.最小公倍寿命法

28.某投资方案的年营业收入为10 000元，年付现成本为6 000元，年折旧额为1 000元，所得税税率为25%，该方案的每年经营现金流量为（　　）元。

A.1 680　　B.2 680

C.3 250　　D.3 990

29.肯定当量法的基本思路是先用一个系数把有风险的现金收支调整为无风险的现金收支，然后用（　　）去计算净现值。

A.无风险的贴现率　　B.有风险的贴现率

C.内部报酬率　　D.资本成本

30.A企业投资20万元购入一台设备，预计使用年限为20年，按直线法计提折旧，无残值。设备投产后预计每年可获得净利润5万元，则该投资的回收期为（　　）年。

A.5　　B.4

C.3.33　　D.6

31.下列关于信用期限的描述，正确的是（　　）。

A.缩短信用期限，有利于销售收入的扩大

B.信用期限越短，企业坏账风险越大

C.信用期限越长，表明客户享受的信用条件越优越

D.信用期限越短，应收账款的机会成本越高

32.经济订货批量是指（　　）。

A.采购成本最低的采购批量　　B.订货成本最低的采购批量

C.储存成本最低的采购批量　　D.存货总成本最低的采购批量

33.成本分析模式下的最佳现金持有量是使以下各项成本之和最小的现金持有量（　　）。

A.机会成本和管理成本　　B.机会成本和短缺成本

C.管理成本和交易成本　　D.管理成本、短缺成本和机会成本

34.在下列各项中，属于应收账款机会成本的是（　　）。

A.坏账损失　　B.收账费用

C.对客户信用进行调查的费用　　D.应收账款占用资金的应计利息

35.在下列股利政策中，能够使股利支付水平与公司盈利状况密切相关的是（　　）。

A.固定股利政策　　B.剩余股利政策

C.固定股利支付率政策　　D.稳定增长股利政策

得 分

二、多项选择题（本大题共10小题，每小题1分，共10分。在每小题列出的四个备选项中至少有两个是符合题目要求的，请将其代码填写在题后的括号内。错选、多选、少选或未选均无分）

1	2	3	4	5	6	7	8	9	10

1.公司制企业有可能存在经营者和股东之间的利益冲突，解决这一冲突的方式有（　　）。

A.解聘　　B.约束

C.收回借款　　D.授予股票期权

2.下列各项，可以用来衡量投资项目风险的有（　　）。

A.报酬率的期望值　　B.预期报酬率的标准离差率

C.期望报酬率的方差　　D.预期报酬率的标准离差

3.以下各项属于财务状况预算内容的有（　　）。

A.短期资产预算　　B.长期资产预算

C.短期债务资本预算　　D.长期债务资本预算

4.公司债券筹资与普通股筹资相比较（　　）。

A.普通股筹资的风险相对较低

B.公司债券筹资的资本成本相对较高

C.普通股筹资可以利用财务杠杆的作用

D.公司债券利息可以税前列支，普通股股利必须是税后支付

5.在个别资本成本中，须考虑抵税因素的是（　　）。

A.债券成本　　B.银行借款成本

C.普通股成本　　D.留存收益成本

6.确定一个投资方案可行的必要条件是（　　）。

A.内部报酬率大于1　　B.净现值大于零

C.获利指数大于1　　D.回收期小于1年

7.在考虑企业所得税的前提下，下列可用于计算现金流量的公式有（　　）。

A.税后经营净利润+非付现成本

B.营业收入-付现成本-所得税

C.（营业收入-付现成本）×（1-所得税税率）

D.营业收入×（1-所得税税率）+非付现成本×所得税税率

8.企业持有现金的动机主要有（　　）。

A.预防动机　　B.交易动机

C.盈利动机　　D.投机动机

9.下列各项，属于商业信用筹资形式的有（　　）。

A.分期收款售货　　B.赊购商品

C.分期代销商品　　D.预收货款

10.影响股利政策的因素有（　　）。

A.法律因素　　B.债务契约因素

C.公司自身因素　　D.股东因素

得 分

三、判断正误题（本大题共10小题，每小题1分，共10分。请判断每题的表述是否正确，你认为正确的，请将代码“√”填写在给定的表格中，你认为错误的，请将代码“×”填写在给定的表格中）

1	2	3	4	5	6	7	8	9	10

1.企业与所有者之间的财务关系可能会涉及企业与法人单位的关系、企业与商业信用者之间的关系。（　　）

2.证券组合投资要求补偿的风险只是市场风险，而不要求对可分散风险进行补偿。（　　）

3.在营业收入百分比法下，预计利润表与实际利润表、预计资产负债表与实际资产负债表的内容和格式是相同的。（　　）

4.当资本结构不变时，个别资本成本越低，则综合资本成本越高；反之，个别资本成本越高，则综合资本成本越低。（　　）

5.债券的发行价格与股票的发行价格一样，只允许平价发行或溢价发行，不允许折价发行。（　　）

6.净现值大于零，则获利指数大于1。（　　）

7.某公司2022年预计新建厂房，之前已经支付了10 000元的咨询费，这10 000元是公司进行新建厂房决策时的相关成本。（　　）

8.营运资金具有多样性、波动性、短期性、变动性和不易变现等特点。（　　）

9.循环协议借款是一种特殊的信用额度借款，企业和银行要协商确定贷款的最高限额，在最高限额内，企业可以借款、还款，再借款、再还款，不停地周转使用。（　　）

10.投资者在除息日购入股票无权领取本次股利。（　　）

得分

四、计算题（本大题共6小题，其中第1～4题每小题5分，第5题10分，第6题15分，共45分，运算步骤和结果保留到小数点后两位）

1.某公司拟购置一处房产，房产商提出三个付款方案：

（1）从现在起，每年年初支付18万元，连续支付10次，共180万元；

（2）从第5年开始，每年年末支付25万元，连续支付10次，共250万元；

（3）从第5年开始，每年年初支付24万元，连续支付10次，共240万元。

假设该公司的资本成本（即最低报酬率）为10%，你认为该公司应选择哪个方案支付房款？

2.企业准备投资某债券，面值2 000元，票面利率为8%，期限为5年，企业要求的必要投资报酬率为10%。

要求：就下列条件计算债券的投资价值：

（1）债券每年计息一次；

（2）债券到期一次还本付息，复利计息；

（3）债券折价发行，到期偿还本金。

3.某公司的销售全部为赊销，销售毛利率保持不变，应收账款的机会成本率为15%，当前信用政策以及建议信用政策比较表见表1。

表1　当前信用政策以及建议信用政策比较表

当前信用政策	建议信用政策
信用条件：30天付清	信用条件：2/10，N/30
销售收入：20万元	销售收入：25万元
销售毛利：4万元	享受现金折扣的比例：60%
平均坏账损失率：8%	平均坏账损失率：6%
平均收现期：50天	平均收现期：25天

要求：试利用差量分析法判断建议信用政策是否可行。

4.正保公司年终进行利润分配前的股东权益情况见表2。

表2　年终进行利润分配前的股东权益情况　单位：万元

股本（每股面值3元，已发行100万股）	300
资本公积	300
未分配利润	600
股东权益合计	1 200

要求：回答下列互不关联的两个问题：

（1）公司宣布发放10%的股票股利，若当时该股票市价为5元/股，股票股利的金额按照当时的市价计算，并按发放股票股利后的股数每股发放现金股利0.1元，计算发放股利后的股东权益各项目的数额。

（2）按照1股换3股的比例进行股票分割，计算进行股票分割后股东权益各项目的数额。

5.某公司原有设备一套，购置成本为150万元，预计使用10年，已使用5年，预计残值为原值的10%，该公司用直线法计提折旧，现该公司拟购买新设备替换旧设备，以提高生产率，降低成本。新设备的购置成本为200万元，使用年限为5年，同样用直线法计提折旧，预计残值为购置成本的10%，使用新设备后公司每年的销售额可以从1 500万元上升到1 650万元，每年付现成本将从1 100万元上升到1 150万元，公司如购置新设备，旧设备出售可得收入100万元，该企业的所得税税率为25%，资本成本为10%。

要求：计算下列项目金额：

（1）继续使用旧设备方案的现金流量及净现值；

（2）更新使用新设备方案的现金流量及净现值；

（3）根据上述计算结果作出方案选择。

6.Y公司是一家上市公司，该公司2021年年末资产总计为10 000万元，其中负债合计2 000万元。该公司适用的所得税税率为25%，相关资料如下：

资料一：预计Y公司净利润持续增长，股利也随之相应增长。Y公司相关资料见表3。

表3 Y公司相关资料

2021年年末股票每股市价（元/股）	8.75
2021年股票的β系数	1.25
2021年的无风险收益率	4%
2021年市场组合的收益率	10%
预计股利年增长率	6.5%
预计2022年每股现金股利（D_1）（元/股）	0.5

资料二：Y公司认为2021年的资本结构不合理，准备发行债券募集资金用于投资，并利用自有资金回购相应价值的股票，优化资本结构，降低资本成本。假设发行债券不考虑发行费用，且债券的市场价值等于其面值，股票回购后该公司总资产的账面价值不变，经测算，不同资本结构下的债务利率和权益资本成本见表4。

表4 不同资本结构下的债务利率和权益资本成本 金额单位：万元

方案	负债	债务利率	税后债务资本成本	按资本资产定价模型确定的权益资本成本	以账面价值为权重确定的权益资本成本
原资本结构	2 000	（A）	4.5%	×	（C）
新资本结构	4 000	7%	（B）	13%	（D）

注：表中的×表示省略的数据。

要求：（1）根据资料一，利用资本资产定价模型计算Y公司股东要求的必要收益率。

（2）根据资料一，利用股票估计模型计算Y公司2021年年末股票的内在价值。

（3）根据上述计算结果，判断投资者在2021年年末是否应该以当时的市场价格买入Y公司股票，并说明理由。

（4）确定表4中字母代表的数值（需要列示计算过程）。

（5）根据（4）的计算结果，判断这两种资本结构哪种更好，说明理由。

（6）预计2022年Y公司的息税前利润为1 400万元，假设2022年该公司选择负债4 000万元的资本结构。2022年的经营杠杆系数为2，计算该公司2022年的财务杠杆系数和总杠杆系数。

财务管理模拟试卷一参考答案

一、单项选择题（35×1=35分）

1	2	3	4	5	6	7	8	9	10	11	12	13	14	15
B	C	D	A	B	C	A	A	C	B	C	D	D	B	B
16	17	18	19	20	21	22	23	24	25	26	27	28	29	30
C	B	D	C	D	A	C	B	A	A	B	A	C	A	C
31	32	33	34	35										
C	D	B	D	C										

二、多项选择题（10×1=10分）

1	2	3	4	5	6	7	8	9	10
ABD	BCD	ABCD	AD	AB	BC	AB	ABD	BD	ABCD

三、判断正误题（10×1=10分）

1	2	3	4	5	6	7	8	9	10
×	√	√	×	×	√	×	×	√	√

四、计算题（本大题共6小题，其中第1~4题每小题5分，第5题10分，第6题15分，共45分，运算步骤和结果保留到小数点后两位）

1.答：（1）PV=18×［（P/A，10%，9）+1］=121.66（万元）（2分）

（2）PV=25×（P/A，10%，10）×（P/F，10%，4）=104.92（万元）（2分）

（3）PV=24×（P/A，10%，10）×（P/F，10%，3）=110.79（万元）（1分）

因为第二个方案的现值最小，所以该公司应选择第二个方案支付房款。

2.答：（1）每年计息一次的债券投资价值=2 000×（P/F，10%，5）+2 000×8%×（P/A，10%，5）

=2 000×0.6209+2 000×8%×3.7908=1 848.33（元）（2分）

（2）一次还本付息，复利计息的债券投资价值=2 000×（F/P，8%，5）×（P/F，10%，5）

=2 000×1.4693×0.6209=1 824.58（元）（2分）

（3）折价发行无息的债券投资价值=2 000×（P/F，10%，5）

=2 000×0.6209=1 241.8（元）（1分）

3.答：销售毛利率=4÷20×100%=20%

Δ销售毛利=（25−20）×20%=1（万元）

Δ机会成本=［5×25÷360+20×（25−50）÷360］×15%=−0.16（万元）（1分）

Δ坏账成本=5×6%+20×（6%−8%）=−0.1（万元）（1分）

Δ折扣成本=25×60%×2%=0.3（万元） （1分）

Δ净利润=1+0.16+0.1-0.3=0.96（万元） （1分）

所以建议信用政策可行。 （1分）

4.答：（1）发放股票股利的股票数量=100×10%=10（万股） （1分）

股票的市价为5元/股，面值为3元/股，所以发放股票股利后未分配利润减少50万元，其中30万元计入股本，20万元计入资本公积。 （1分）

共发放现金股利=110×0.1=11（万元）

从未分配利润中减除。 （1分）

发放股利后的股东权益各项目为：股本330万元；资本公积320万元；未分配利润539万元。 （1分）

（2）股东权益项目没有变化，唯一的变化是股票面值变为1元，股票数量变为300万股。（1分）

5.答：（1）继续使用旧设备。

旧设备年折旧额=150×（1-10%）÷10=13.5（万元）

NCF_0=0 （1分）

$NCF_{1\sim4}$=1 500×（1-25%）-1 100×（1-25%）+13.5×25%=303.375（万元） （1分）

NCF_5=303.375+150×10%=318.375（万元） （1分）

继续使用旧设备的净现值=303.375×$PVIFA_{10\%,5}$+15×$PVIF_{10\%,5}$-0

=1 159.35（万元） （1分）

（2）使用新设备。

新设备年折旧额=200×（1-10%）÷5=36（万元）

旧设备账面价值=150-13.5×5=82.5（万元）<变现值100万元 （1分）

变价盈利纳税=（100-82.5）×25%=4.375（万元） （1分）

NCF_0=-200+100-4.375=-104.375（万元） （1分）

$NCF_{1\sim4}$=1 650×（1-25%）-1 150×（1-25%）+36×25%=384（万元） （1分）

NCF_5=384+200×10%=404（万元）

采用新设备的净现值=384×$PVIFA_{10\%,5}$+20×$PVIF_{10\%,5}$-104.375=1 363.71（万元） （1分）

（3）通过计算可知购买新设备的净现值较大，所以该设备应该更新。 （1分）

6.答：（1）必要收益率=4%+1.25×（10%-4%）=11.5% （2分）

（2）内在价值=0.5÷（11.5%-6.5%）=10（元/股） （2分）

（3）由于10元/股高于市价8.75元/股，所以投资者应该购入该股票。 （1分）

（4）A=4.5%÷（1-25%）=6% （1分）

B=7%×（1-25%）=5.25% （1分）

C=4.5%×（2 000÷10 000）+11.5%×（8 000÷10 000）=10.1% （1分）

D=5.25%×（4 000÷10 000）+13%×（6 000÷10 000）=9.9% （1分）

（5）新资本结构更好，因为新资本结构下加权资本成本更低。 （1分）

（6）利息费用=4 000×7%=280（万元）

财务杠杆系数=息税前利润÷（息税前利润-利息费用）

=1 400÷（1 400-280）

=1.25 （3分）

总杠杆系数=2×1.25=2.5 （2分）

财务管理模拟试卷二

考试时间为120分钟

题号	一	二	三	四	总分	
得分						
阅卷人					合分人	

附10%现值系数表：

	1	2	3	4	5	6	7	8	9	10
PVIF	0.9091	0.8264	0.7513	0.6830	0.6209	0.5645	0.5132	0.4665	0.4241	0.3855
PVIFA	0.9091	1.7355	2.4869	3.1699	3.7908	4.3553	4.8684	5.3349	5.7590	6.1446

得 分

一、**单项选择题**（本大题共35小题，每小题1分，共35分。在每小题列出的四个备选项中只有一个是符合题目要求的，请将其代码按要求填写。错选、多选或未选均无分）

1	2	3	4	5	6	7	8	9	10	11	12	13	14	15
16	17	18	19	20	21	22	23	24	25	26	27	28	29	30
31	32	33	34	35										

1.下列属于企业对非合同利益相关者的社会责任是（　　）。

A.支持公益活动　　B.改善员工工作条件

C.友善对待供应商　　D.尊重员工习俗

2.某企业现在将1 000元存入银行，年利率为10%，按复利计算。4年后企业可从银行取出的本利和为（　　）元。

A.1 200　　B.1 300

C.1 146　　D.1 350

3.下列项目中的（　　）称为普通年金。

A.先付年金　　B.后付年金

C.延期年金　　D.永续年金

4.多个方案相比较，标准离差率越小的方案，其风险（　　）。

A.越高　　B.越低

C.二者无关　　D.无法判断

5.已知某证券的β系数等于2，则该证券（　　）。

A.无风险

B.有非常低的风险

C.与金融市场所有证券的平均风险一致

D.是金融市场所有证券平均风险的2倍

6.某债券面值为1 000元，票面年利率为12%，期限3年，每半年支付一次利息。若市场利率为12%，则其发行时的价值（　　）。

A.大于1 000元　　B.小于1 000元

C.等于1 000元　　D.无法计算

7.某公司上年销售收入为2 000万元，若预计下一年的通货膨胀率为5%，销售量增长率为10%，所确定的外部筹资额占销售收入的百分比为20%，则相应外部应追加的资金为（　　）万元。

A.62　　B.60

C.25　　D.75

8.在几种筹资方式中，兼具筹资速度快、筹资费用和资本成本低、对企业有较大灵活性等特点的筹资方式是（　　）。

A.发行股票　　B.融资租赁

C.发行债券　　D.长期借款

9.相对于借款购置设备而言，融资租赁设备的主要缺点是（　　）。

A.筹资速度较慢　　B.融资成本高

C.到期还本负担过重　　D.设备淘汰风险高

10.根据《公司法》的规定，发行公司流通在外的债券累计总额不超过公司净资产的（　　）。

A.60%　　B.40%

C.50%　　D.30%

11.债券面值、（　　）、债券期限是确定债券发行价格的主要因素。

A.市场利率、贴现率　　B.票面利息率

C.票面利率、市场利率　　D.票面利息额

12.普通股筹资具有以下优点（　　）。

A.成本低　　B.筹资的风险低

C.不会分散公司的控制权　　D.筹资费用低

13.从发行公司的角度看，股票全额包销的特点有（　　）。

A.可获部分溢价收入　　B.降低发行费用

C.可获一定佣金　　D.不承担发行风险

14.在个别资本成本的计算中，不必考虑筹资费用影响因素的是（　　）。

A.长期借款成本　　B.债券成本

C.留存收益成本　　D.普通股成本

15.某股票当前的市场价格为20元/股，股利为1元/股，预期股利增长率为4%，则其资本成本为（　　）。

A.4%　　B.5%

C.9.2%　　D.9%

16.财务杠杆效益是指（　　）。

A.提高债务比例导致的所得税降低

B.利用现金折扣获取的利益

C.利用债务筹资给普通股股东带来的额外收益

D.降低债务比例所节约的利息费用

17.既具有抵税效应，又能带来杠杆利益的筹资方式是（　　）。

A.发行债券　　B.发行优先股

C.发行普通股　　D.使用内部留存收益

18.通过企业资本结构的调整，可以（　　）。

A.降低经营风险　　B.影响财务风险

C.提高经营风险　　D.不影响财务风险

19.当折现率与内部报酬率相等时，（　　）。

A.净现值小于零　　B.净现值等于零

C.净现值大于零　　D.净现值不一定

20.在投资决策评价方法中，对于互斥方案来说，最好的评价方法是（　　）。

A.净现值法　　B.获利指数法

C.内部报酬率法　　D.平均报酬率法

21.某企业准备新建一条生产线，预计各项支出如下：投资前费用2 000元，设备购置费用8 000元，设备安装费用1 000元，建筑工程费用6 000元，投产时需垫支营运资本3 000元，不可预见费用按总支出的5%计算，则该生产线的投资总额为（　　）元。

A.20 000　　B.21 000

C.17 000　　D.17 850

22.经营现金流量是指投资项目投入使用后，在其寿命周期内由于生产经营所带来的现金流入和流出的数量。这里现金流出是指（　　）。

A.经营现金支出　　B.缴纳的税金

C.付现成本　　D.经营现金支出和缴纳的税金

23.已知某设备原值60 000元，税法规定的残值率为10%，最终报废残值5 000元，该公司所得税税率为25%，则该设备最终报废由于残值带来的现金流入量为（　　）元。

A.5 250　　B.6 000

C.5 000　　D.4 600

24.当使用新旧设备的未来收益相同，但准确数字不好估计时，应该选用的固定资产更新决策的方法是（　　）。

A. 差量分析法　　B. 最小公倍寿命法

C. 年均净现值法　　D. 年均成本法

25. 在资产总额和筹资组合都保持不变的情况下，如果固定资产增加，那么短期资产减少，而企业的风险和盈利（　　）。

A. 不变　　B. 增加

C. 一个增加，另一个减少　　D. 不确定

26. 当采用5C评估法进行信用评估时，最重要的因素是（　　）。

A. 品质　　B. 能力

C. 资本　　D. 抵押品

27. 当对存货采用ABC法进行控制时，应当重点控制的是（　　）。

A. 数量最大的存货　　B. 占用资金较多的存货

C. 品种多的存货　　D. 价格昂贵的存货

28. 某企业全年需用A材料2 400吨，每次订货成本为400元，每吨材料年储备成本12元，则每年最佳订货次数为（　　）次。

A. 12　　B. 6

C. 3　　D. 4

29. 如果某企业的信用条件是"2/10，N/30"，则放弃该现金折扣的资本成本为（　　）。

A. 36%　　B. 18%

C. 35.29%　　D. 36.73%

30. 下列关于循环协议借款的说法，错误的是（　　）。

A. 循环协议借款的持续时间可以超过一年

B. 循环协议借款具有法律约束力

C. 采用循环协议借款，一般不需要支付协议费

D. 企业和银行之间要协定借款的最高限额

31. 法定公积金累计达到公司注册资本的（　　），可以不再提取。

A. 10%　　B. 25%

C. 30%　　D. 50%

32. 对于股份有限公司来讲，实行股票分割的主要目的在于通过（　　），从而吸引更多的投资者。

A. 增加股票股数，降低每股市价　　B. 减少股票股数，降低每股市价

C. 增加股票股数，提高每股市价　　D. 减少股票股数，提高每股市价

33. 下列不属于股票回购方式的有（　　）。

A. 公开市场购买　　B. 投票出价购买

C. 议价购买　　D. 要约购买

34. 在下列各项中，将会导致企业股本结构变动的股利形式有（　　）。

A. 财产股利　　B. 负债股利

C.股票股利　　D.现金股利

35.企业奉行剩余股利政策的根本理由是（　　）。

A.稳定股价　　B.使加权平均资本最低

C.维持股利分配的灵活性　　D.使得股利的支付和盈余紧密配合

得 分

二、**多项选择题**（本大题共10小题，每小题1分，共10分。在每小题列出的四个备选项中至少有两个是符合题目要求的，请将其代码填写在题后的括号内。错选、多选、少选或未选均无分）

1	2	3	4	5	6	7	8	9	10

1.以利润最大化作为财务管理目标的不足之处有（　　）。

A.没考虑实现利润的时间因素　　B.没考虑实现利润与投资的对比关系

C.没考虑实现利润的风险因素　　D.不便于理解

2.假设最初有m期没有收付款项，后面n期有等额的收付款项A，利息率为i，则延期年金现值的计算公式为（　　）。

A.$V_0=A\times PVIFA_{i,n}\times PVIF_{i,m}$　　B.$V_0=A\times PVIFA_{i,m+n}$

C.$V_0=A\times PVIFA_{i,m+n}-A\times PVIFA_{i,m}$　　D.$V_0=A\times PVIFA_{i,n}$

3.以下各项，属于利润表预算内容的有（　　）。

A.营业收入的预算　　B.营业利润的预算

C.利润总额的预算　　D.税后利润的预算

4.长期借款的分类有（　　）。

A.按提供贷款的机构，分为政策性银行贷款、商业性银行贷款和其他金融机构贷款

B.按有无抵押品作担保，分为抵押贷款和信用贷款

C.按贷款偿还的先后顺序，分为普通贷款和优先贷款

D.按贷款的用途，可分为基本建设贷款、更新改造贷款、科研开发和新产品试制贷款

5.加权平均资本成本的权数，可按（　　）选择。

A.票面价值　　B.账面价值

C.市场价值　　D.目标价值

6.投资决策分析使用的贴现指标有（　　）。

A.净现值　　B.静态投资回收期

C.获利指数　　D.内部报酬率

7.下列关于相关成本的论述，正确的有（　　）。

A.相关成本是指与特定决策有关，在分析评论时必须加以考虑的成本

B.差额成本、未来成本、重置成本、机会成本都属于相关成本

C.A设备可按3 200元出售，也可对外出租且3年内可获租金3 500元，该设备是3年前以5 000元购置的，故出售决策的相关成本是5 000元

D.如果将非相关成本纳入投资方案的总成本，则一个有利的方案可能变得不利，从而造成决策失误

8.短期金融资产的种类有（　　）。

A.短期国库券　　B.大额可转让存单

C.货币市场基金　　D.证券化资产

9.关于商业信用筹资的优缺点，下列说法中正确的有（　　）。

A.商业信用筹资使用方便　　B.商业信用筹资限制少且具有弹性

C.商业信用筹资成本较高　　D.商业信用可以占用资金的时间一般较长

10.从公司的角度看，制约股利分配的因素有（　　）。

A.控制权的稀释　　B.举债能力的强弱

C.盈余的变化　　D.潜在的投资机会

得 分

三、**判断正误题**（本大题共10小题，每小题1分，共10分。请判断每题的表述是否正确，你认为正确的，请将代码“√”填写在给定的表格中，你认为错误的，请将代码“×”填写在给定的表格中）

1	2	3	4	5	6	7	8	9	10

1.金融市场是以货币为交易对象的市场。（　　）

2.证券组合风险的高低，等于组合中各个证券风险的加权平均数。（　　）

3.企业的全面预算主要由营业预算、资本预算和财务预算构成。（　　）

4.筹集投入资本是非股份制企业筹措自有资本的一种基本形式。（　　）

5.通过发行股票筹资，可以不付利息，因此其成本比举债的成本低。（　　）

6.固定资产投资方案的内部报酬率并不一定只有一个。（　　）

7.如果一项新产品的上市会减少公司原有产品的销量或者价格，那么在计算新项目现金流量时应将这部分减少的现金流量扣除。（　　）

8.按随机模式要求，当现金存量低于最优返回线时，应及时补足现金，以保证最佳现金余额。（　　）

9.短期融资券筹资数额比较大，而银行一般不会向企业发放巨额的流动资金借款，因此对于需要巨额资金的企业而言，短期融资券更适用。（　　）

10.股利支付率是当年发放股利与当年净利润之比，或每股股利除以每股收益。（　　）

得分

四、计算题（本大题共6小题，其中第1～4题每小题5分，第5题10分，第6题15分，共45分，运算步骤和结果保留到小数点后两位）

1.某股票投资者拟购买甲公司的股票，该股票刚支付的每股股利为2.4元，现行国库券的利率为12%，股票市场的平均风险报酬率为16%，该股票的β系数为1.5。

要求：(1) 假设股票在未来时间里股利保持不变，当时该股票的市价为15元/股，该投资者是否应购买？

(2) 假设该股票股利固定增长，增长率为4%，则该股票的价值为多少？

2.某公司拟发行债券，债券面值为1 000元，5年期，票面利率为8%，每年付息一次，到期还本，若预计发行时债券市场利率为10%，债券发行费用为发行额的0.5%，该公司适用的所得税税率为25%。

要求：(1) 该债券的发行价格是多少？

(2) 该债券的资本成本为多少？

3.某公司年销售产品10万件，单价为50元/件，单位变动成本为30元/件，固定成本总额为100万元（包括利息）。公司负债为60万元，年利率为12%，所得税税率为25%。

要求：(1) 计算该公司息前税前利润总额。

(2) 计算该公司联合杠杆系数。

4.某公司每年需要某种原材料600吨，每次订货的固定成本为8 000元，每吨原材料年储存保管费用为6 000元。每吨原材料的价格为800元，但如果一次订购超过50吨，可得到2%的批量折扣。

要求：计算该公司应以多大批量订货。

5.已知：某公司2021年12月31日的长期负债及所有者权益总额为18 000万元，其中，发行在外的普通股为8 000万股（每股面值1元），公司债券为2 000万元（按面值发行，票面年利率为8%，每年年末付息，3年后到期），资本公积为4 000万元，其余均为留存收益。

2022年1月1日，该公司拟投资一个新的建设项目需追加筹资2 000万元，现有A、B两个投资方案可供选择。

A方案为：发行普通股，预计每股发行价格为5元。

B方案为：按面值发行票面年利率为8%的公司债券（每年年末付息）。

假定该建设项目投产后，2022年度公司可实现息税前利润4 000万元。公司适用的所得税税率为25%。

要求：(1) 计算A方案的下列指标：

①增发普通股的股份数；

②2022年公司的全年债券利息。

(2) 计算B方案下2022年公司的全年债券利息。

(3) 计算A、B两方案的每股盈余无差别点，并为该公司作出筹资决策。

6.某企业计划进行某项投资活动，有甲、乙两个备选的互斥投资方案资料如下：

（1）甲方案的原始投资额为150万元，其中固定资产投资100万元，流动资金投资50万元，全部资金于建设起点一次性投入，无建设期，经营期为5年，到期净残值收入为5万元，预计投产后年营业收入为90万元，年总成本为60万元。

（2）乙方案的原始投资额为200万元，其中固定资产投资120万元，流动资金投资80万元。建设期2年，经营期5年，建设期资本化利息10万元，固定资产投资于建设期起点投入，流动资金投资于建设期结束时投入，固定资产净残值收入为10万元，项目投产后，年营业收入为170万元，年经营成本为80万元，经营期每年归还利息5万元。固定资产按直线法计提折旧，全部流动资金于终结点收回。企业所得税税率为25%。

要求：（1）计算甲、乙方案各年的净现金流量；

（2）该企业所在行业的基准折现率为10%，计算甲、乙方案的净现值；

（3）计算甲、乙两方案的年等额净回收额，并比较两方案的优劣；

（4）计算甲、乙方案包括建设期的静态投资回收期和不包括建设期的静态投资回收期。

财务管理模拟试卷二参考答案

一、单项选择题（35×1=35分）

1	2	3	4	5	6	7	8	9	10	11	12	13	14	15
A	C	B	B	D	A	A	D	B	B	C	B	D	C	D
16	17	18	19	20	21	22	23	24	25	26	27	28	29	30
C	A	B	B	A	B	D	A	D	B	A	B	B	D	C
31	32	33	34	35										
D	A	B	C	B										

二、多项选择题（10×1=10分）

1	2	3	4	5	6	7	8	9	10
ABC	AC	ABCD	ABD	BCD	ACD	ABD	ABCD	AB	BCD

三、判断正误题（10×1=10分）

1	2	3	4	5	6	7	8	9	10
×	×	√	√	×	√	√	×	√	√

四、计算题（本大题共6小题，其中第1~4题每小题5分，第5题10分，第6题15分，共45分，运算步骤和结果保留到小数点后两位）

1.答：R=12%+1.5×（16%−12%）=18%（1分）

（1）d=2.4（元/股）

V=2.4÷18%=13.33（元/股）（1分）

因为计算出来的内在价值小于目前市价（15元/股），所以不应购买。（1分）

（2）d_0=2.4（元/股）

d_1=2.4×（1+4%）=2.496（元）

V=2.496÷（18%−4%）=17.83（元/股）（2分）

2.答：（1）债券的发行价格=1 000×8%×（P/A，10%，5）+1 000×（P/F，10%，5）

=924.16（元）（3分）

（2）债券的资本成本=80×（1−25%）÷924.16×（1−0.5%）=6.46%（2分）

3.答：（1）计算该公司息前税前利润总额

EBIT=10×（50−30）−（100−7.2）=107.2（万元）（2分）

（2）计算该公司联合杠杆系数

DOL=（107.2+100−7.2）÷（107.2−7.2）=2（3分）

4.答：经济批量$Q=\sqrt{\dfrac{2\times 600\times 8\,000}{6\,000}}$=40（吨）（2分）

（1）如果按经济批量订货，放弃折扣，总成本为：

600÷40×8 000+40÷2×6 000+600×800=720 000（元） （1分）

（2）如果不按经济批量订货，取得数量折扣，总成本为：

600÷50×8 000+50÷2×6 000+600×800×（1−2%）=716 400（元） （1分）

因此，公司应以50吨的批量订货。 （1分）

5.答：（1）计算A方案的下列指标：

增发普通股的股份数=2 000÷5=400（万股） （1分）

2022年公司的全年债券利息=2 000×8%=160（万元） （1分）

（2）B方案下2022年公司的全年债券利息=2 000×8%+2 000×8%=320（万元） （1分）

（3）计算A、B两方案的每股盈余无差别点，并为该公司作出筹资决策。

（EBIT−160）×（1−25%）÷8 400=（EBIT−320）×（1−25%）÷8 000 （3分）

EBIT=3 520万元 （2分）

当预期2022年EBIT大于3 520万元时，选择B方案；当预期2022年EBIT小于3 520万元时，选择A方案；当预期2022年EBIT等于3 520万元时，选择A、B方案均可。 （2分）

6.答：（1）甲、乙方案各年的净现金流量。

①甲方案各年的净现金流量：

折旧额=（100−5）÷5=19（万元）

NCF_0=−150万元 （0.5分）

$NCF_{1\sim4}$=（90−60）×（1−25%）+19=41.5（万元） （1分）

NCF_5=41.5+55=96.5（万元） （1分）

②乙方案各年的净现金流量：

年折旧额=（120+10−10）÷5=24（万元）

NCF_0=−120万元 （0.5分）

NCF_1=0 （0.5分）

NCF_2=−80万元 （0.5分）

$NCF_{3\sim6}$=（170−80−5−24）×（1−25%）+5+24=74.75（万元） （1分）

NCF_7=74.75+80+10=164.75（万元） （1分）

（2）计算甲、乙两方案的净现值。

①甲方案的净现值=41.5×（P/A，10%，4）+96.5×（P/F，10%，5）−150
=41.47（万元） （2分）

②乙方案的净现值=74.75×（P/A，10%，4）×（P/F，10%，2）+164.75×（P/F，10%，7）−80×（P/F，10%，2）−120
=94.25（万元） （2分）

（3）计算甲、乙两方案的年等额净回收额，并比较两方案的优劣。

①甲方案的年等额净回收额=41.47÷（P/A，10%，5）=10.94（万元） （1分）

②乙方案的年等额净回收额=94.25÷（P/A，10%，7）=19.36（万元） （1分）

因为乙方案的年等额净回收额大，所以乙方案优于甲方案。

（4）计算甲、乙方案包括建设期的静态投资回收期和不包括建设期的静态投资回收期。

①甲方案包括建设期的静态投资回收期=150÷41.5=3.61（年） （1分）

②乙方案不包括建设期的静态投资回收期=200÷74.75=2.68（年）

乙方案包括建设期的静态投资回收期=2+2.68=4.68（年） （2分）